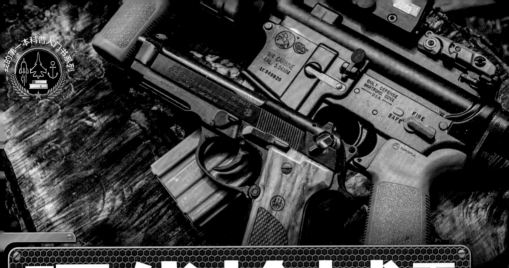

现代枪械百科

（图解导读版）

《深度文化》编委会　编著

U0299218

清华大学出版社
北京

内 容 简 介

这是一本介绍枪械的科普图书，书中以问答的形式介绍了枪械构造、使用弹药的规格、运作原理、战术附件、实际使用方法等内容，由浅入深地讲解了枪械的相关知识。除了介绍枪械本身，还对与之相关的知识体系，例如枪械的发展历史、枪械的技术革新等内容进行详细的分析与说明，能够提升读者对枪械的认知度。全书结构清晰，分章合理，排列有序，主次分明，各个阶层的枪械爱好者均能从中获益。

本书定位于想要了解枪械入门知识的青少年读者，同时也适合军事知识丰富的资深军事爱好者阅读和收藏。

图书在版编目 (CIP) 数据

现代枪械百科：图解导读版 /《深度文化》编委会编著 . —北京：清华大学出版社，2023.8（2025.3重印）

（我的第一本科普入门书系列）

ISBN 978-7-302-64378-4

Ⅰ .①现… Ⅱ .①深… Ⅲ .①枪械—青少年读物 Ⅳ .① E922.1-49

中国国家版本馆 CIP 数据核字（2023）第 149823 号

责任编辑：李玉萍
封面设计：王晓武
责任校对：张彦彬
责任印制：刘 菲

出版发行：清华大学出版社
    网 址：https://www.tup.com.cn，https://www.wqxuetang.com
    地 址：北京清华大学学研大厦A座   邮 编：100084
    社 总 机：010-83470000   邮 购：010-62786544
    投稿与读者服务：010-62776969，c-service@tup.tsinghua.edu.cn
    质 量 反 馈：010-62772015，zhiliang@tup.tsinghua.edu.cn
印 装 者：涿州汇美亿浓印刷有限公司
经 销：全国新华书店
开 本：146mm×210mm 印 张：10.25 字 数：328千字
版 次：2023年10月第1版   印 次：2025年3月第3次印刷
定 价：69.00元

产品编号：096046-01

前 言

　　在人类过去数百年间的战争历史中，枪械都扮演着非常重要的角色。但早期的枪械因为射速慢、精度差、对射击姿势限制很大，所以它只是继承了弩的某种优势，并没有取代矛、剑等格斗武器以及弓箭在战争中的地位。因此，14世纪到19世纪前期通常被称为火器与冷兵器并用时代。

　　到了19世纪，随着枪械技术的不断发展，冷兵器开始走向衰落。在19世纪中期发生的多场战争中，枪械开始发挥其压倒性的作用，彻底改变了以往枪械和冷兵器并用的战争模式，世界各国开始争相开发和购置新式枪械。

到 19 世纪末，枪械的各项技术日趋成熟，小型速射枪械已经普遍运用于包括近战在内的几乎所有人对人的战斗中。为了应对枪林弹雨的威胁，战车也开始出现，反过来促成了比传统枪械更具破坏力的广义轻武器出现，也开始超越了狭义枪械的范围。20 世纪上半叶的两次世界大战，也不断加速了各类枪械的发展。时至今日，尽管各种高科技武器不断出现，但枪械仍然在现代军队中占据着重要地位。

本书是介绍枪械的军事科普图书，书中有 150 余个精心挑选的热点问题，从枪械构造、使用弹药、运作原理、战术附件、实际使用方法等多个角度切入，对枪械进行了全方位的解读与说明。全书文字通俗易懂，并插入了大量示意图、实物图，以满足各个阶层军事爱好者的阅读需求。通过阅读本书，读者会对枪械有一个全新的认识。

本书是真正面向枪械爱好者的基础图书，编写团队拥有丰富的科普图书写作经验，并已出版了数十本畅销全国的图书作品。与同类图书相比，本书不仅图文并茂，在资料的来源上也更具权威性和准确性。

本书由《深度军事》编委会创作，参与编写的人员有丁念阳、阳晓瑜、陈利华、高丽秋、龚川、何海涛、贺强、胡姝婷、黄启华、黎安芝、黎琪、黎绍文、卢刚、罗于华等。对于广大资深枪械爱好者，以及有意了解国防军事知识的青少年来说，本书不失为极有价值的科普读物。希望读者朋友们能够通过阅读本书循序渐进地提高自己的国防素养。

目 录

 **第 1 章　基础篇** ···················· 1

第 2 章　构造篇 …………………… 97

第 3 章 弹药篇 ·········· 139

第 4 章　枪械运作篇 ………………… 185

第 5 章　战术部件篇 ………………… 219

第 6 章 实际使用篇 ⋯⋯⋯⋯261

第1章
基 础 篇

　　枪械通常是指所有依靠身管内的加压气体喷射抛射物来击杀目标的武器，其在战场上一直是步兵的主要武器，并广泛装备于其他军种，还用于治安、狩猎和体育竞赛等活动。

→ 概述

　　枪械是指利用火药燃气能量发射弹丸、口径小于 20 毫米的身管射击武器。它以打击无防护或弱防护的有生目标为主。

　　早在公元 1259 年，中国就制成了以黑火药发射子窠（铁砂、碎瓷片、石子、火药等混合物）的竹管突火枪，这是世界上最早的管形射击火器。随后，又发明了金属管形射击火器——火铳，使热兵器的发展进入一个新的阶段。

　　13 世纪，火药技术和金属管形火器开始传入欧洲，并在欧洲获得了快速发展。到 15 世纪时，西班牙人研制出了火绳枪。火绳枪从枪口填装铁制或铅制弹丸与推进火药，以缓慢燃烧的火绳点燃点火药（类似底火），点火药再引燃推进用火药击发弹丸。

火绳枪点火装置特写

　　16 世纪中叶，法国人发明了燧发枪，解决了火绳枪雨天容易熄火、夜间容易暴露等问题。最初的燧发枪为轮式燧发枪，用转轮与燧石摩擦点火后引燃火药，后来又出现了几种利用燧石与铁砧撞击点燃火药的撞击式燧发枪。同火绳枪相比，燧发枪具有射速快、口径小、枪身短、重量轻、后坐力小等特点，因而逐渐成为当时军队的主要武器。

　　枪械自发明出来后，早期枪械一直都是前装滑膛枪，即火药和弹丸均由枪口装入，枪管内无膛线。此类枪结构简单，但是弹丸和枪膛密闭性不佳,必须用枪条将弹丸和火药挤压严密后才能发射。15世纪,出现了枪膛内带有膛线的火枪,其射击精度大大超过了滑膛枪。16世纪,德国人将直线形膛线改为螺旋形膛线,发射后可使弹丸作旋转运动,进一步提高了射击精度,增大了射程。

19世纪初,人们发明了雷汞以及含雷汞击发火药的火帽。把火帽套在带火孔的击砧上,打击火帽即可引燃膛内的火药,这就是击发式枪机。1812年,法国出现了弹头、火药和纸弹壳组合一体的定装式枪弹,人们开始从枪管尾部装填弹药。

1835年,普鲁士人德莱赛成功发明了后装式步枪。在使用时,射手用枪机从后面将子弹推入枪膛,在扣动扳机后枪机上的击针穿破纸弹壳并撞击底火,引燃发射药将弹丸击发。1867年,德国成功研制出了世界上第一支使用金属外壳子弹的机柄式步枪。这种枪有螺旋膛线,使用定装式枪弹,操纵枪机机柄可实现开锁、退壳、装弹和闭锁。

各种军用定装弹

19世纪末开始出现了自动枪械,并被应用到一战之中。1884年,第一种现代意义上的自动枪械研制成功,这就是著名的马克沁重机枪。至此,自动枪械开始取代手动枪械,成为战场上的新宠。有了一战的前车之鉴,在二战中参战的各国都装备了大量的自动武器,主要为机枪、冲锋枪和半自动步枪。这一时期传统的拉栓式步枪在火力方面明显严重不足,逐渐被新发展出的半自动步枪和自动步枪所取代。在二战前期单兵火力较弱的情况下,手枪在夜战和近战中也发挥了一定的作用。

　　二战结束之后，枪械设计和制造工艺得到了飞速发展。现代步枪以突击步枪、狙击步枪、自动步枪和卡宾枪为主，机枪以重机枪、轻机枪和通用机枪为主，而冲锋枪在军事上的用途已经逐渐被突击步枪和卡宾枪所取代，目前主要装备特种部队和警察。

伯莱塔 M9 半自动手枪

FN P90 冲锋枪

→ 枪械的表面颜色为什么总是黑色的

　　现代军用枪支表面有多种不同的颜色，例如 AK-47 突击步枪的枪托就是木色的，而有些收藏用途的枪支则喜欢用黄金制造，很多狙击步枪也采用了迷彩涂装。然而，大部分的枪械还是以黑色涂装为主，且以亚光色居多。一般来说，枪械的主体材料多为钢或铝。若是长时间使用，表面保护不周，裸露的钢铁就非常容易锈蚀。因此，需要给枪身上增加一个涂层。这个涂层就是经过特殊工艺制成的一层黑色的金属氧化膜，它可以防止枪械生锈和被腐蚀。

　　枪械在使用中受到的腐蚀主要来自两个方面：一是外部因素，即在使用过程中，风沙、尘土、雨雪和空气中的水分等都会附着在枪械表面，破坏枪械的材质和性能；二是射击污染，即枪械在实弹射击以后，枪膛、导气孔、气体调整器、活塞、活塞筒受到的腐蚀是相当严重的。这是因为在火药的烟垢中，具有可以腐蚀钢铁的盐类物质。射击后，这些盐类物质就会附着在零件的表面上，当它们吸收了空气中的水分后，就会成为一种具有腐蚀性的溶液。这种溶液能够慢慢地腐蚀枪膛、活塞、枪机等精密部位。如果这些精密部位被腐蚀了，枪的射击精度就会降低，甚至有可能使枪械发生故障。有了这个金属氧化膜，枪械中的金属部分就能与火药气体、水分和风沙隔开，有效地避免金属零件被腐蚀。

　　此外，从光线的角度考虑，黑色对光的反射小，一方面可以防止反光，起到很好的隐蔽作用；另一方面可以防止瞄准的时候出现虚光，影响射击精度。

　　随着科学技术的发展，用户对枪械的外观要求越来越高，而且现在的表面处理工艺也在不断创新，投入工业实际应用的表面处理技术品种繁多，并日趋成熟。从传统的电镀、氧化、磷化、涂装到高新的激光表面处理技术、物理气相沉积技术、化学气相沉积技术、盐浴技术等，都会使枪械的涂装更实用、更科学。

迷彩涂装的 M40 狙击步枪

黑色涂装的 HK416 突击步枪

搭在两脚架上的巴雷特 M82 狙击步枪

→ 各种枪械的寿命有多长

在各类枪械中，手枪的寿命最短，步枪次之，机枪最长。从专业角度来讲，枪支有三个不同的寿命：第一个是设计寿命，第二个是射击寿命，第三个则是使用寿命。这三个寿命根据实际使用情况来看，都有比较大的差别。

首先是设计寿命，这往往是设计师或者生成厂家给出的，他们是依据枪支的材料和性能在最理想状态下所能发射的子弹数量而定的。但枪支如果用于实战中，各种环境都有可能遇到，不可能都在理想状态下使用，所以他们给出的这个时间往往比较保守。

其次是射击寿命，也就是枪支在各类测试条件下所能发射的最多子弹数量。手枪寿命一般是 3 000 发左右，其他小型手枪的寿命在 1 500 发左右。霰弹枪的威力是非常大的，每射击一发子弹对枪膛的损害都很大，因此它的寿命要比一般的枪械短得多，大概射击 1 000 发子弹就报废了。对于步枪来说，射击寿命基本在 10 000 发左右，而一些比较出色的步枪则会更多些。像美国著名的 M16 突击步枪，其射击寿命可达 14 000 发，而 AK-47 突击步枪更是高达 15 000 发。冲锋枪的寿命跟步枪差不多，但是冲锋枪的射速要比步枪快很多，寿命在 10 000 ～ 20 000 发。机枪的寿命一般在 15 000 发左右，由于机枪的射速非常快，所以在战斗的时候，15 000 发很快就打完了，因此，机枪一般需要更换枪管继续使用。狙击步枪的精准度非常高，杀伤力非常大，射击的时候对枪膛的损害也很大。因此它的寿命也要比一般的枪械短，跟霰弹枪差不多长，发射子弹数也在 1 000 发左右。

最后是使用寿命，这个主要看使用者的保养情况。枪支的使用寿命是个很大的变量，具体能使用多久并不能确定。对于一些较为有实力的国家，一般在枪支达到射击寿命后不久就强制报废了。而对于军费有限的国家，枪支能用多久就用多久，直至用到打不出子弹为止。

使用 UZI 冲锋枪进行射击训练

可连续射击的 M134 米尼岗机枪

M16 突击步枪及子弹

→ 哪些因素会影响枪械的寿命

　　随着科技的进步，任何武器都会面临着更新换代的问题，枪械也不例外。再好的枪械随着使用时间的增长，内部的零件都会磨损，导致枪械的整体性能降低。如果超过枪械寿命继续使用，其射击功能就会降低，还会出现卡弹、炸膛、后坐力变大等现象，严重的还会对士兵造成危害，影响作战的效率。

　　枪械的寿命主要受高温、高压、子弹对膛线的磨损等因素的影响，一般枪械的寿命都是根据发射的子弹多少来定的。

　　随着发射子弹数量的增加，枪管膛线不断受到磨损，其弹道性能就会逐渐降低，表现为初速降低、射击精度降低、弹头飞行稳定性变差等，当枪管的弹道性能严重影响战斗任务完成时，枪管就不能再使用了，也就是枪管的寿命终结了。能正常发射的枪弹越多，枪管的寿命就越长。枪管的寿命随着射击条件和射击方法的不同，也会有很大的不同。

　　此外，枪械的寿命还与其射击强度有关。如果是慢速单发，枪管的寿命就长。如果是连续射击，很快就会将枪管打红。如果一把枪连续射击的话，那么枪管的压力就会很大，其寿命就会缩短；但如果是间歇性射击，那就能给枪管一点儿时间冷却，这样其寿命就会延长很多。

在生产时，枪械制造者一般都会采用枪管内膛镀铬或镀双层铬的方法来制造枪管，枪管的材料也选用性能最好的金属材料。在使用后，正确的擦拭保养也能延长枪管的寿命。在射击时，射速太高会使枪管过热，提前损坏，因此，在射击过程中要及时地冷却枪管，以延长枪管的使用寿命。

史密斯-韦森左轮手枪发射瞬间

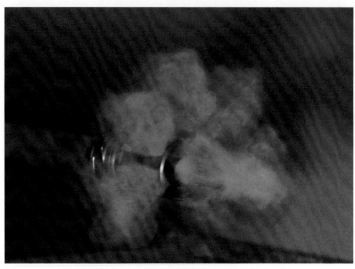

子弹在飞离装有消焰器的枪口时瞬间的气体释放

→ 我们熟知的手枪有哪些类型

　　手枪是一种单手发射的短枪，是近战自卫使用的小型武器，在 50 米内具有良好的杀伤效能。现在我们所熟知的手枪可以按以下方式分类。

　　按构造划分，手枪可分为左轮手枪和自动手枪。左轮手枪带有多弹膛转轮。旋转装有子弹的转轮，可使子弹逐发对正枪管和击发机构实施射击。自动手枪利用火药燃气能量实现自动装弹入膛，只有一个弹膛，可分为单发射击的半自动手枪和能连发射击的全自动手枪。其中，半自动手枪是指仅能自动装填弹药的单发手枪，即射手扣动一次扳机，只能发射一发子弹；全自动手枪又称冲锋手枪，是一种类似于冲锋枪，可全自动发射的手枪。

　　按用途划分，则可分为自卫手枪、战斗手枪和特种手枪。自卫手枪主要用于自卫战斗，一般全长为 100 ～ 180 毫米，重量为 300 ～ 700 克，长在 150 毫米以下重在 500 克以下的超小型手枪，称为"袖珍手枪"，其发射较小威力的亚音速手枪的中小口径子弹。战斗手枪是中型或大型手枪，一般全长为 170 ～ 250 毫米，重量为 600 ～ 1200 克，使用威力较大的亚音速至跨音速的中至大口径子弹。特种手枪包括微声手枪、水下手枪、隐身手枪和运动手枪等。其中，微声手枪又称无声手枪，采用加装枪口消声器等技术措施，以减小射击声响、火焰和烟雾，可以隐蔽射击，用于执行特殊任务；水下手枪主要用于两栖侦察分队"蛙人"水下作战，在水下发射特制的箭形弹；隐身手枪又称间谍手枪，有的外形如同日常用品（如钢笔、打火机等），有的藏身于常见物品（如雨伞、提包、匕首等）之中，可随身携带而不易被察觉，常在近距离内使用；运动手枪用于射击比赛，其瞄准基线较长，握持方便，平稳性好，射击精度高。

　　除了以上手枪外，还有两款手枪是为了满足收藏家或枪迷的爱好者而开发的，即工艺礼品手枪和竞赛手枪。工艺礼品手枪通常价格高昂，一般以量产型手枪为设计蓝本，主要是作为奖品奖励给功勋将领，或者供一些收藏家私人收藏。竞赛手枪则视比赛性质和射手要求而设计定做，部分竞赛手枪是从量产手枪中挑选高质量的手枪加以改造而成。

格洛克 17 半自动步枪

纳甘 M1895 左轮手枪

鲁格 P08 冲锋手枪

PB 微声手枪

→ 手枪如果装备大弹匣会怎么样

手枪是人类从冷兵器时代转向热兵器时代的标志武器，在现代战争中，手枪同样是士兵必不可少的武器。

不同的枪械其作用也不同，执行的任务也有很大差别。手枪属于近战型武器，通常需要单手开枪，因此，在重量上自然不能与步枪、冲锋枪相提并论。如果手枪装备大的弹匣，就会导致手枪的重量超过士兵单手携带的能力，也会给使用的士兵造成不小的障碍。重量增加，士兵携带在身上就不能自如灵活地移动，行动会受到限制。

此外，手枪在射击精度方面也比不上步枪和冲锋枪。因为手枪在实战过程中通常被应用因为手枪在实战过程中通常被应用在反恐、缉毒等救援现场，正面战场很少会用到手枪，所以在救援的时候，轻便、灵活的手枪能给士兵带来很大的可能性。如果手枪装备大弹匣，会导致士兵在救援过程中受到阻碍，不能更好地完成救援任务。同时近距离射击对精度的要求不高，一旦超过一定距离，手枪的作用就会越来越小。

如果过度增加手枪的子弹容量，连续射击会严重影响手枪射击的精度。同时还有一个更重要的问题，那就是枪械都是有使用寿命的，到达一定程度，手枪枪管内的膛线就会磨损，很多枪械的零部件就不适宜再使用了。在射击子弹达到一定数量时，枪械的性能会大不如前，甚至报废，因此，如果手枪装备大弹匣，不断开枪就会严重影响手枪的使用寿命。

在很多狭窄的空间里，步枪及冲锋枪的威力可能还没有一支手枪的威力大，因为手枪能够单手操控，步枪和冲锋枪由于重量的限制，不能单手操控。在狭窄的空间里，首先要保证自己的生命安全才能更好地完成任务。手枪一旦装备了大弹匣，就失去了其优势，不如直接使用冲锋枪，而且冲锋枪还能够实现自动射击。枪械设计师研制不同枪械就是为了让使用者在不同环境下选择合适的武器进行战斗。在很多情况下，手枪灵活小巧，如果在实战中运用得好，能够救士兵一命。因此，手枪不装备大弹匣，是因为手枪有其特定的使命。手枪的子弹数量之所以还是未超过 20 发，是因为手枪有其特定的使命。

1910 年，比利时 HDH 公司设计出了一款可携弹 20 发子弹的左轮手枪，堪称弹容量最大的左轮手枪。该手枪采用 6.5 毫米手枪弹，有两根枪管、两根撞针，所以当射手扣动扳机时，会有两发子弹从枪膛内射出，最多可以发射 10 次。这款手枪的换弹方式也很有意思，普通左轮手枪要么向两侧打开，要么向下打开，而它则是向上打开，握把与枪管呈 90°倾斜，可以轻松将所有弹壳倒出。不过这款手枪的缺点也很明显，弹容量越高，重新装填子弹就越麻烦，而且两发子弹同时击发所产生的后坐力也是双倍的，对使用者有较高的要求。

手枪常用弹匣

30 发可视式 STANAG 弹匣

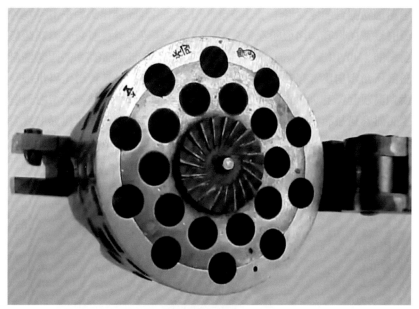

HDH 左轮手枪的弹巢

→ 全球最小的手枪威力有多大

　　枪械的种类十分丰富，有追求精准射击的狙击步枪，也有追求大范围杀伤的机枪，更有小巧玲珑、方便携带的手枪。手枪的威力虽然不如其他枪械大，但胜在体积小、方便携带，尺寸越小越便于隐蔽，能够出奇制胜。世界上最小的手枪莫过于瑞士迷你枪，但威力不容小觑。

　　瑞士迷你手枪号称世界上最小的手枪，是名副其实的世界上最小的热武器，整个枪身只有 55 毫米长，和一枚硬币差不多大，重量不到 70 克，放在手上不注意几乎都感觉不到其存在。因为这款手枪小巧精致如钥匙扣，又具有强大的杀伤力，因此成为彰显身份的收藏珍品，广受上层人士的追捧。

　　瑞士迷你手枪虽说小巧玲珑，经常被中东等地的富豪作为收藏的新奇物品，可人家"麻雀虽小，五脏俱全"，说是收藏品，但也是真正货真价实的热武器。甚至很大程度上来说，其作为高昂收藏品跟它的杀伤力有很大关系。瑞士迷你手枪最大射程可达 120 米，子弹发射后初速度为 180 米 / 秒，近距离可以穿入人的骨头当中，若打中心脏足以致命，是货真价实的杀伤性武器。

瑞士迷你手枪虽然体型小，威力也不比其他正常手枪大，装弹也很麻烦，必须用镊子才能装填，在战场上作为武器就是个鸡肋，但用作防身还是有很大用处的，往往能出其不意。曾有人做过试验，发现瑞士迷你手枪可以在一定范围内轻易击穿易拉罐和玩具人偶，可见其威力不俗。

只有硬币大小的瑞士迷你手枪

瑞士迷你手枪与手掌大小对比

可当钥匙扣的瑞士迷你手枪

→ 左轮手枪的威力为何普遍大于弹匣式手枪

左轮手枪是一种小型单管枪械，拥有转轮式的弹巢。外摆式弹巢的左轮手枪为了配合多数人使用右手的习惯，多为向左 90°转出弹巢以装填弹药，因此常称为左轮手枪。左轮手枪在 19 世纪出现，因其可靠性和威力强大而风靡一时。随着装弹量更多、体积更小的半自动手枪的出现，左轮手枪的地位逐渐被取代。但因为其可靠、便于维护和造价便宜，目前左轮手枪仍然在一些警用、运动射击和私人防卫的领域继续使用。

目前，世界上威力最大的手枪是美国史密斯 - 韦森公司生产的M500 左轮手枪，口径与重机枪一样。出膛的瞬间，子弹的动能达 3517焦耳，比"沙漠之鹰"还要大一倍，是现时世界上威力最大的手枪。该枪的子弹动能已达到手枪的最大限值。由于具有超高的破坏力和超强的负载，人们甚至将它称为"手枪中的大炮"。尽管史密斯 - 韦森 M500发射的子弹威力巨大，但手枪本身的先进设计却可以有效减轻持枪者的后坐感。

事实上，弹匣式手枪的威力并不比左轮手枪小，只是其弹匣的位置位于握把中，这样就极大地限制了子弹的长度，使它无法装下例如 .357马格南之类的子弹。在子弹口径、长度相同的情况下，左轮手枪由于弹巢和枪管的闭气性不好，弹药燃烧后的气体有泄漏，所以初速低，并没有弹匣式手枪的威力大。因此，左轮手枪的威力普遍大于弹匣式手枪的原因，并不是说左轮手枪的结构造成了它的威力大，而是左轮手枪的结构使它可以使用更大威力的子弹，所以威力更大一些。

20 世纪末，更为先进的半自动手枪问世，有些甚至同时拥有勃朗宁和瓦尔特的机械结构，而有部分半自动手枪已经同样能够使用马格南子弹。火力更强大的冲锋枪也被广泛装备军队，因而很多国家军队都把左轮手枪从制式装备中淘汰，甚至连很多地方的警察也开始使用半自动手枪。也许在经过改进之后，未来弹匣式手枪的威力比左轮手枪更大也不无可能。

史密斯 - 韦森 M500 左轮手枪及子弹

史密斯 - 韦森 M500 左轮手枪发射时产生的枪口焰

使用史密斯 - 韦森 M500 左轮手枪射击的靶纸

.357 马格南子弹

→ 有左轮手枪，会不会也有左轮步枪

左轮手枪是枪械史上一款极具特点的手枪，从诞生到现在，已经存在近两百年之久，风靡全球的它至今仍然魅力不减。虽然左轮手枪看着构造很简单，但是其威力惊人。

除去左轮手枪这种转轮性枪械外，雷明顿武器制造公司曾经还设计过一款左轮步枪，这款左轮步枪的为 .38 口径，但是这款左轮步枪并没有量产，因此几乎没有人使用过它。这款左轮步枪不需要手动上膛，可以更快地更换子弹。

不过，既然没有被广泛应用，说明这款步枪还是存在很多弊端。左轮步枪相比左轮手枪差距还是比较大的，尤其是在气密性上的缺陷，且左轮步枪的转轮和枪管之间的空隙太大，在扣动扳机的时候，大空隙会让爆炸的火药灼伤手掌，后果不堪设想。正是因为空隙太大，从而导致其在射击时往往出现较大的偏差，甚至有可能因为偏差而导致炸膛，对于使用者来说非常不安全。

由于这种不安全的缺陷，左轮步枪是注定不会被士兵们所喜爱的，就连武器制造公司也觉得此款枪械不适合战斗。左轮手枪具有高稳定性、不卡壳、不炸膛等特点，而左轮步枪却恰恰相反。

左轮步枪的历史犹如昙花一现，即便该步枪有一些突出的优点，但其致命的缺陷让它无法随着士兵去战场。虽然左轮步枪的研制并不是非常成功，但是对这种革新立异的武器研制理念还是要给予一定的认可，尤其是在现代武器装备高速更新换代的时期，更应该多借鉴过去研制武器装备的经验和技术，并加以改进，用以指导新型武器的研制，这样才能制造出性能更为优秀的武器装备。

柯尔特左轮步枪

雷明顿左轮步枪

→ 半自动手枪相比左轮手枪有哪些优缺点

　　半自动手枪与左轮手枪各有各的特点，相比而言，半自动手枪具有下述各种优缺点。

　　优点

- 子弹能与冲锋枪及冲锋手枪共用，减少单独购买的支出。
- 弹匣容量相对左轮手枪较大。以史密斯 - 韦森军警型左轮手枪为例，其弹夹中仅 6 发子弹，而大多数半自动手枪的弹匣装弹量最少为 7+1 发，双排弹匣的容量可达十多发，加长型弹匣更可达三四十发，因此可减少换弹匣的频率。
- 一般小口径的子弹后坐力较小，单发射击时目标和准星不会有大幅度偏移，而且射击时较舒适。
- 半自动手枪的枪膛与枪管连接密封，所以能够使用抑制器增强隐匿性，而且在使用同弹种时威力比左轮手枪更大。
- 连续射击速度优于左轮手枪以及任何手动武器。

　　缺点

- 具有外置击锤的手枪为了安全起见，击锤平常都处于复位状态，这样会导致首发子弹射击所需扳机用力较大，射击延迟。不过目前已经有防跌落保险可以解决此问题。
- 将子弹填装进弹匣时比左轮手枪入弹更费时费力，通常需要逐一置入子弹，不过可使用装弹器。
- 因为构造复杂，所以需要较长时间训练射手。
- 因为构造复杂，在早年一直无法发射同口径及高膛压的子弹，尽管后来制造出比较大和拥有吸收后坐力的机构，但这类枪型也有难以使用同口径低膛压子弹的缺陷。
- 通常不能使用左轮手枪专用的有底缘子弹，不过也有少数例外，如"沙漠之鹰"等，可这些枪型一般不是军警制式手枪。

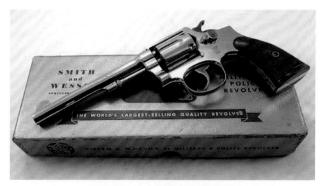

史密斯 - 韦森军警型左轮手枪

史密斯 - 韦森军警型半自动手枪

"沙漠之鹰"半自动手枪

→ 都是发射手枪弹，冲锋枪的射程为何比手枪远

在军队中手枪一般只配备给特勤作战人员、军官或某些军士长。冲锋枪是双手握持、同样发射手枪弹的单兵连发枪械，是为了弥补步兵使用手动步枪火力不足的缺陷而设计的。手枪和冲锋枪，发射同样的手枪弹，枪口初速实际上有一些差距，但有效射程却有相当大的差距。其原因在于手枪枪管短，扳机击发底火，弹筒内的火药未充分燃烧，就将弹头推出了枪管，意味着火药气体对弹丸做功时间短，所以不仅飞行速度较慢，而且有效射程相对也较近。冲锋枪由于枪管比手枪长，子弹滞留在枪管内的时间也比手枪长，较长的膛线保证了弹头的稳定性，因此，冲锋枪获得的枪口初速要比手枪高大约25%，有效射程也得到了提高。

同样的子弹，在其他条件都相同的前提下，离开枪口的动能越大，射程就越远。

发射子弹的过程是：使子弹的发射药在枪膛里爆炸，生成高温高压燃气，高温高压的燃气消耗内能对子弹做功，转化为子弹的动能，使子弹离开枪口后依靠惯性高速向前飞行。做功需要两个必备要素：一是作用在物体上的力；二是物体在力的方向上通过的距离。子弹在枪管内受到燃气的推力，燃气对子弹做功，一旦离开枪口后不再受燃气的推力，燃气也就不再对子弹做功。而且冲锋枪枪管更长，在最初与手枪相同的长度内，燃气对子弹做的功是相等的。然后，手枪中的燃气不再对子弹做功，而冲锋枪中的燃气继续对子弹做功，因此，冲锋枪发射子弹时，对子弹做的功多，子弹获得的动能多，飞行的距离自然就远。

乌兹冲锋枪

HK USP 半自动手枪

手枪常用的 9×19 毫米帕拉贝鲁姆弹

→ 手动步枪、半自动步枪和自动步枪有什么不一样

　　步枪是沿着火绳枪—燧发枪—线膛枪—后膛枪—金属壳子弹＋旋转后拉式枪机的近代步枪的脉络一路发展而来的。按射击方式可分为手动步枪、半自动步枪和全自动步枪。手动步枪虽然逐渐退出战场，但在民间仍然被非常广泛地使用。而半自动步枪也有属于它的"辉煌时代"，例如二战中美军装备的 M1 加兰德半自动步枪、苏联装备的 SVT-38/40 半自动步枪等，都曾经大量装备过军队，并且都在战争中发挥了很大的

作用。二战后期，德国研发了发射中间型威力弹药的 STG-44 突击步枪，至此揭开了全自动步枪的研制序幕。二战后，各个国家的军队也都陆续装备了半自动步枪，直到后来半自动步枪又被全自动步枪所取代。

早期的手动步枪有泵动式和杠杆式两种类型。泵动式步枪通过用人力滑动护木来驱动枪机，打一发就拉动一次护木，然后装填第二发，接着再打、再拉。现在的霰弹枪就基本沿用了泵动式的射击方式。杠杆式步枪通常在扳机护环下有一处金属的镂空握柄，击发后可以直接下拉握柄推动退壳，同时装填下一发子弹。

一战以后逐渐发展出了栓式手动步枪，也叫栓动式或拉栓式步枪，此种步枪以手动方式将子弹送入枪膛并且将使用过的弹壳退出。此种步枪一开始一次只能装填一发子弹，要把弹壳退膛后才能装填下一发。后来逐渐出现了多发弹仓，也就是将多发子弹一次性装入弹仓，枪手射击时只需要上弹和退膛，而不用每次都装填子弹了。

半自动步枪就是指可以自动装弹、退壳、再装填，但扣动一次扳机只能射击一发子弹的步枪。相比手动步枪，半自动步枪尽管在射速上有所提高，但射击精度则有所降低。

自动步枪就是可以自动发射的步枪，广义的自动步枪包括半自动步枪和全自动步枪。但是现在说的自动步枪一般是指全自动步枪。全自动步枪和半自动步枪最大的区别就是前者能够连续射击，只要扣下扳机就能将弹匣里的子弹一口气全部打出。当然，全自动步枪大多有射击方式的切换装置，在需要的时候也可以进行单发射击。

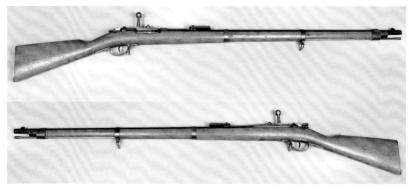

毛瑟 1871 栓式手动步枪

M1 加兰德半自动步枪

STG-44 突击步枪

→ 被称为"枪王之王"的 AK-47 究竟有多厉害

自从 1947 年"轻武器巨匠"卡拉什尼科夫将 AK-47 设计定型之后，它就一直是步枪中的经典，被誉为"枪王之王"，是全球公认的使用范围最广、产量最大的突击步枪。随着军事技术的不断升级，各国的武器装备不断翻新，很多曾经价值连城的步枪都被淘汰出战场，成为展览馆里的收藏品。而 AK-47 步枪已经发展了 70 余年，却丝毫没有要退休的征兆。

AK-47 步枪的性能可靠、勤务性好、坚实耐用、故障率低，无论是在高温还是低温条件下，射击性能都很好，尤其是可在风沙泥水环境中使用，更显示出其性能可靠、结构简单、分解容易的优势。这款枪在性能和适用性上得到了多个国家的认可，其在战争中更是用实力获得了优异成绩。

AK-47 步枪适用于短距离作战，整个枪身比较短小，虽然射程较短，但是杀伤力却不容小觑。一旦目标被击中，子弹进入人体之后，它的威力不会因为肉体的阻挡而停滞不前，还会以 560 米 / 秒的速度贯穿身体，造成巨大的伤害。

AK-47 步枪采用苏联 M1943 式 7.62 毫米子弹，科学家曾经做过此弹药的威力试验，试验发现，7.62 毫米的子弹射入身体时，会像刀片一样直接切入进去，子弹的旋转与翻滚会造成空腔，一旦造成空腔，大出血是无法避免的，再加上极高的切入速度和翻卷的空腔，会对身体内大量组织造成翻卷损坏。如果被 AK-47 突击步枪击中的是头部或者心脏等重要部位，那存活的几率极小。

AK-47 突击步枪最令人惊讶的是它的威力。据传曾经有位美国士兵穿着防弹衣被 AK-47 击中，子弹的侵彻力被防弹衣给挡了回来，但其强大的冲击还是把士兵的肋骨折断了几根。AK-47 步枪的威力由此可见一斑。

士兵使用 AK-47 突击步枪进行射击训练

AK-47 突击步枪剖面结构

AK-47 突击步枪及配件

卡拉什尼科夫与他设计的 AK-47 突击步枪

→ M16 突击步枪是如何与 AK-47 平分秋色的

作为世界上第一款 5.56 毫米的小口径突击步枪，M16 突击步枪的研制成功具有划时代的意义，它在量产后先后装备了 15 个北约国家、80 多个非北约国家，总产量达到了 800 万支，仅次于 AK-47 突击步枪。

M16 突击步枪的前身是 AR-15 突击步枪，在 1962 年成为军用武器，随即更名为 M16。自从 20 世纪 60 年代以来，这款步枪一直是美国陆军的主要步兵武器。

M16 突击步枪采用直接推动机框的直接导推式原理，枪管中的高压气体从导气孔通过导气管直接推动机框，而不是进入独立活塞室驱动活塞。高压气体直接进入枪栓后方机框里的一个内室，使机框带动枪机后退。这使单独的活塞室和活塞不再必要，从而减少了移动部件的数量。在快速射击时也通过保持往返运动的部件与枪膛在同一直线上而提供更好的性能。

直接导推式的气动方式，其主要问题在于火药燃烧后剩下的残渣会直接吹到后膛里。因此在恶劣的条件下使用该枪时，必须要经常清洁和维护，否则可能会导致故障和性能下降。作为一种先进技术和高性能的武器系统，M16 突击步枪在整体上表现出色。它在战场上展现出卓越的性能，并广泛用于各种军事行动和作战环境。然而，每种步枪都有其优缺点。在选择使用时，必须全面考虑具体的作战需求和环境。

M16 突击步枪的特点是口径小、质量轻、射击精度高、持续作战能力强，在步枪通常射程以内，杀伤效果好。该枪的出现规范了除中俄之外所有国家的武器口径，并将世界轻武器带入了小口径时代。虽然 5.56 毫米子弹穿透性远不如 7.62 毫米子弹，但产生的空腔效应使它对软目标的杀伤力要比 7.62 毫米好很多。

M16 突击步枪

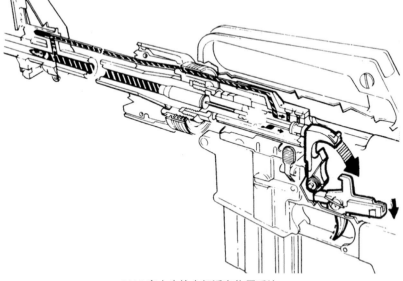

M16 突击步枪内部活塞作用系统

配备榴弹发射器的 M16 突击步枪

使用 M16 突击步枪作战的士兵

→ HK416 突击步枪为何被称为是世界上最好的步枪之一

现在的突击步枪其实指的是根据现代化战争的要求，将传统的步枪和冲锋枪这两种功能不同的枪械最优化地结合起来的枪械。突击步枪的优点是射速较高、射击稳定、后坐力适中以及枪身轻便容易携带。它同时具备了冲锋枪的迅猛火力和普通步枪的射击威力，这一枪种是由德国著名的轻武器设计师雨果·施迈瑟在一战期间所创造的。其历史距今已经将近一个世纪，在这漫长的历史长河中，突击步枪的发展也历经了很多曲折，一直走到了现在。

HK416 突击步枪原产于德国，由德国的黑克勒 - 科赫枪械制造公司（以下简称 HK）生产。这家公司位于德国的巴登 - 符腾堡邦的奥本多夫，在美国也设有分部。HK 公司经典的手持枪械有 MP5 系列冲锋枪、MP7 个人防卫武器以及 G3 和 G36 突击步枪。该公司的口号是："在这个妥协的世界，我们不妥协。" 该步枪最初是在德国研发，现在美国也在生产该步枪。HK416 突击步枪是 HK 公司对英国 SA80 和 M16 枪型进行改装的结果，目的是提高枪械的使用寿命，并使其性能更加可靠。

HK416 突击步枪枪身总重为 2.95 千克，高度为 240 毫米。枪身全长为 690 毫米，缩起枪托长度为 560 毫米。枪口口径为 5.56 毫米，弹药为 5.56 × 45 毫米子弹。枪机种类为气动式或者转栓式，供弹方式为 30 发 STANAG 弹匣，发射速率为每分钟 700 ～ 900 发，枪口初速会因不同枪管和使用不同弹种有所不同。HK416 突击步枪采用 HK G36 的短冲程活塞传动式系统，为了更好地提高武器在恶劣条件下的可靠性、全枪的使用寿命及安全性，使用了冷锻碳钢成型的工艺材质做枪管。优质的钢材及先进的加工工艺，使 HK416 的枪管寿命超过 2 万发。根据不同的需求，共有 3 种长度的枪管可供选择。

HK416 突击步枪的机匣设有 5 条战术导轨以安装附件，采用自由浮动式前护木，整个前护木可以完全拆下，以改善全枪重量分布。枪托底部设有降低后坐力的缓冲塑料垫，机匣内有泵动活塞缓冲装置，能够有效减少后坐力和污垢对枪机运动的影响，从而提高武器的可靠性。此外，还设有备用的新型金属照门。

德国本就是制造优质枪械的国家之一，何况突击步枪还是根据现代化战争的要求，将传统的步枪和冲锋枪最优化而结合的枪械，再加上HK416突击步枪自身的稳定性和耐用性良好，所以HK416被称为是世界上最好的步枪。

士兵持HK416突击步枪进行任务训练

搭配战术附件的HK416突击步枪

士兵持 HK416 突击步枪进行作战

→ 现代突击步枪为何追求枪托和枪管在一条直线上

现代突击步枪枪托与枪管在一条直线上的设计还要归功于 AK-47 突击步枪。

众所周知，AK-47 突击步枪的实战可靠性是不容置疑的，之所以如此，是因为 AK-47 突击步枪的特殊导气封闭方式，可以防止污水和污物堵塞导气管，而且开始发射后又有自动清洁导气管的功能，这样即使一般的沙子和泥土进入枪管也不怕。此外，AK-47 突击步枪的枪机零件公差比较大，容错率很高，不容易卡壳，也不容易被冻住。这就使 AK-47 突击步枪不论是在遍地泥泞的热带丛林、风沙漫天的内陆沙漠，还是冬季到了－45℃的高纬度地区，都不会失效。然而，AK-47 突击步枪也有明显的缺点，那就是持续发射时，枪口上跳严重。对新手来说，持续发射 AK-47 突击步枪极有可能把平射打成斜向上的角度。就算是有经验者使用 AK-47 突击步枪，也最多可以确保前 3 发的短点射有一定的准确度。

因为 AK-47 突击步枪的后坐力很大，因此枪口跳动很厉害。但这样的缺点在不同作战环境中也能发挥出某种优势。如果在热带茂密丛林中遭遇敌人，在双方相距几十米且看不到对方的情况下，不用特意瞄准，对某个目标进行扫射，这样即使对方隐蔽在侧翼或者高处也很容易被击中。但在视线相对开阔的沙漠或者高原战场，AK-47 突击步枪的精度就不占优势了。同时代的突击步枪基本可以做到 400 米内精确射击，而 AK-47 突击步枪一般作战距离只有 300 米。

AK-47 突击步枪连射不容易打准的主要原因有两个：一是 7.62 毫米弹药虽然已经减少了部分威力，但后坐力仍然很强。二是 AK-47 突击步枪的整体设计相对比较老套。也就是枪托和枪管有一个明显的夹角。这个夹角使后坐力和枪托的反后坐力无法直接抵消，因而导致枪口上跳。其实这种枪托模式，在一定程度上延续了老式栓动步枪的设计方式，也包括二战前设计的高射速冲锋枪的特点。

在设计 AK-47 突击步枪的时候，设计师也意识到枪口上跳的问题，因此特意把枪口的上端去掉了一块，这是希望发射燃气在枪口周围的喷射轨迹不平衡，有缺口后，向上喷射的燃气总量多过向下喷的燃气总量。这样可以在一定程度上抑制枪口上跳的幅度。不过这种设计对射击精度的提高作用有限。毕竟子弹射出枪口的瞬间和燃气反推抑制的瞬间并不一致。因此即使有这个缺口，想连续多发射击做到枪枪精准，仍然不尽如人意。

老式栓动步枪的枪托、发射握把和枪身护木往往是一体的，仅枪托略微下垂。枪托下垂有利于瞄准线提高，以确保射手卧倒时的瞄准和击发。头部可以不用抬高太多，有利于开枪时自身的安全。

栓动式步枪的后坐力都很强，发射后枪口也会上跳，但是栓动式步枪大多为单发，发射后的枪口上跳并不影响已经飞出枪口的子弹精度，下一发子弹需要重新瞄准。而当时的冲锋枪大多只发射低威力的手枪子弹，而且大多追求 20 米之内的密集射击，只注重密集火力而不追求精度。因此下垂枪托也影响不大。而 AK-47 突击步枪同时追求栓动式步枪的威力和冲锋枪的火力密度，在巨大的后坐力下，必然很难掌握连发精度。

到了冷战时期，步枪通过小口径来降低后坐力，将枪托和枪管设计在一条直线上以保证长点射时，仍然可以保持多发弹着点不会过于分散。

射击中的 AK-47 突击步枪

带有刺刀的 AK-47 突击步枪

→ 现代步枪的全自动模式有没有必要

　　最初研制的火燧枪，打完一发子弹还得花费一定的时间再次装填，后来有了栓动式步枪，打完一发子弹，再次装上一发子弹就可以射击，换弹时间得以大大缩短。之后半自动步枪以及全自动步枪又相继问世。随着科技的发展，枪支射速越来越快。现在士兵上战场的时候，为了保持灵活性以及机动性，只会携带少量子弹。然而，不管是 120 发还是 200 发，子弹的数量都是有限的，如果使用全自动模式的话，只需数秒，身上的子弹就会用光。而且全自动射击的时候，因为枪支后坐力的原因，枪口在射击中会一直保持上扬姿态，对精准度也有一定的影响。所以士兵在战场上一般都不会使用全自动射击方式，枪支往往都保持在半自动状态。这样既可以节省子弹，而且精准度也更高。因此，很多人认为步枪的全自动模式没有任何意义。

全自动步枪之所以能够问世，自然有它的原因。首先，在战场上，交战双方谁的火力持续性更好，谁就可以获得更大的优势。但是机枪普遍较重，单兵行动为了强调机动性，很少会携带机枪，最多也就带一把班用机枪。不过，一般的班用机枪，火力持续性明显不够，有时候遇到突发情况，需要更多火力保持压制的时候，全自动步枪的优势就显现出来了。

除此之外，在短距离作战时，比如巷战以及室内作战的时候，一般士兵都会选用全自动步枪。因为交战距离太短，一般都在数米的距离内交战，这个时候根本不可能给你瞄准的时间。所以看到敌人，一般都是把枪口指向大概位置，然后扣下扳机，这样击中敌人的可能性最大。一枪一枪地射击，在这里很明显不合适。而且即使打不中，在面对连续射击时，对方也会找地方躲避，这样就可以给己方争取到喘息的时间。

因此，全自动模式并非一无是处，不同的作战环境有不同的操作方式。而且现在的步枪一般都设置有半自动和全自动两种模式，可以根据需要随意切换。

SKS 半自动步枪

HK G3 自动步枪

FN FAL 自动步枪

→ 反器材步枪存在的意义是什么

二战后曾经有射手试图提高枪械的最大有效射程，并在普通狙击步枪上改良或在重机枪上加装瞄准镜来做远距离精确射击。这些改装版本虽然可命中目标，但因战场实用性低而没有流行。1980年因作战形态改变，各国开始研发出专用于反器材用途的步枪及大口径比赛级弹药，其精度接近甚至高于狙击步枪。

现代战场上，轻型步兵战车以及各种类型的通信、指挥、运输、雷达、后勤保障车辆等轻型装甲目标日益增多。传统的步兵轻武器在远距离对付这些目标时，步枪、轻机枪射程近、威力小，中、小口径狙击步枪威力弱、杀伤效果差，单兵反坦克火箭发射痕迹大、有效射程不足、精度差，重机枪重量大、后坐力大，自动榴弹发射器破甲威力有限。而便携式反坦克导弹等高技术武器又造价过高，无法大量装备。此时具有射程远、威力大、精度高等显著优点的现代反器材步枪就成为单兵打击轻型装甲目标及车辆的有效手段。

反器材步枪是一种专门用于破坏军用器材及物资的狙击步枪，破坏效果高于普通狙击步枪。

这种枪多设有两脚架、枪口制退器和后坐力缓冲装置，以减轻射手的负担，部分可装在三脚架上，对应高精度的比赛级弹药，其枪管的质量及精度可达到狙击步枪的级数，并配备了可调倍率的瞄准镜，少数甚至采用无托结构以减小枪身全长。此外，反器材步枪普遍采用大口径、高破坏力的子弹。反器材步枪因为目的是反器材，所以应用子弹多为特种子弹，如穿甲弹、爆裂弹、高爆子弹、远程狙击弹等，这些子弹和普通狙击步枪的子弹外形相似，但口径大很多，一般在12.7～20毫米。其主要作战对象是敌方的装甲车、飞机、工事掩体、船只等具有一定防护能力的高价值目标，也可以用来在远距离上杀伤敌方作战人员，能轻松打穿防弹玻璃、防弹背心。

反器材步枪在西方许多国家的特种作战武器中占据着非常重要的位置。其原因首先在于反器材步枪具有很强的反狙击能力。其次是反器材步枪能够捕捉稍纵即逝的目标。在城市作战环境中，反器材步枪更是有了大显身手的舞台。

巴雷特 M82A1 反器材步枪

阿玛莱特 AR-50 反器材步枪

精密国际 AW50 反器材步枪

士兵使用麦克米兰 TAC-50 反器材步枪

→ 反坦克步枪为何会逐渐退出历史舞台

以英国 Mark Ⅰ 为首的第一批坦克开始进攻德军的战壕时，一战时期的一般步枪、机枪火力完全无法与其相抗，绝大部分的装甲车在战场上简直无可匹敌。但是，这时期的步兵很少面对装甲车，因为在堑壕战的环境下他们很难在地表行动。虽然装甲车和战车在面对火炮、迫击炮或是手榴弹的攻击时并非无敌，但普通步兵在面对装甲车时仍处于明显的劣势，因为他们缺乏有效的直射武器。

世界上第一支反坦克步枪是由德国研制的毛瑟 1918 型反坦克步枪。由于一战期间德军深受英军坦克的侵扰之苦，所以十分热衷于研制各种反坦克武器。其中有一款反坦克武器就像步枪的放大版本，那就是毛瑟 1918 型反坦克步枪。

由于反坦克步枪在一战末期才出现，在战场上使用得并不广泛。但这并没有影响它进入各国军方的视线，一战结束后各国纷纷研制自己的反坦克步枪。到了二战初期，几乎各国军队都大量装备了反坦克步枪，其中以苏联军队最为夸张。据说当时苏联军队装备了 40 万支反坦克步枪，这让德军十分头疼。

在战术运用上，苏军把 PTRD-41 和 PTRS-41 反坦克步枪当作一种支援性武器，攻击敌人坦克的一线部队。这些部队都是在战斗中临时编入的，使用该枪的数量视敌人坦克的多少而定。二战时曾是德军坦克兵的 R·麦伦辛回忆道：“苏军的反坦克火力很猛，给我们留下的印象是几乎每个苏联士兵手里都有一支反坦克枪或者一门反坦克炮。他们精心地配置这些反坦克武器，火力简直覆盖了整个战场。”在二战期间，德国还将缴获的 PTRS-41 赋予 PzB 784 的新编号继续使用。1942 年夏天，随着德军装备了更强的中型和重型坦克，苏军反坦克步枪对德军坦克的直接毁伤作用逐步减弱，但对轻型坦克和装甲车，以及其他机动车辆还是相当有效的。

但是到了二战后期，辉煌的反坦克步枪在战场上却很少出现了。由于种种限制，反坦克步枪的威力显得十分有限。因为二战后期坦克的装甲厚度普遍超过了 35 毫米，所以反坦克步枪的作用就不大了。此外，反坦克步枪后坐力较大，使用起来并不方便。后来各种威力巨大、使用方便的武器相继诞生，如火箭筒和无后坐力炮等。有了更好的选择，笨重的反坦克步枪就很少使用了。

保存在博物馆中的 PTRS-41 反坦克步枪

一战时期士兵正在使用毛瑟 1918 型反坦克步枪

PTRD-41 反坦克步枪前侧方视角

→ 精确射手步枪和狙击步枪是一样的吗

　　精确射手步枪是二战后西方国家军队中率先装备的一种步兵枪械，性能介于突击步枪和狙击步枪之间，是班组突击步枪火力的有效延伸。

　　精确射手和狙击手是不同的，因此精确射手步枪和狙击步枪也是不同的。狙击手主要考虑"中至超长距离，一枪击毙目标"，而且狙击手于战场上绝大多数时候都是于隐蔽情况下狙杀敌人，甚少直接与敌人在短距离面对面射击，因此，狙击步枪以精准度极高的旋转后拉式枪机手动狙击步枪为主。而精确射手的目标是"一般步兵无法命中的中长距离敌人"，与狙击手不同，精确射手往往和步兵班一起行动，并不会像狙击手一样在隐蔽情况下狙杀敌人，也有可能与敌人短距离面对面射击，因此精确射手步枪就像一种介于突击步枪和狙击步枪之间的武器，既有一定程度的火力，又有一定程度的精准度。

　　精确射手步枪主要来自对突击步枪的改造，如在突击步枪的基础上安装高精度枪管和加装中倍率的光学瞄准镜等，也有部分精确射手步枪是专门设计和制造的。与突击步枪相比，精确射手步枪的打击距离较远，子弹飞行速度较快，下坠幅度较小，一般会保留半自动射击能力。其射程一般在 300 ～ 800 米。步兵班通常将它与突击步枪配合使用，用来覆盖突击步枪与狙击步枪射程之间的空白，打击中远距离的敌人。

　　通常，精确射手步枪安装有中倍率的光学瞄准镜和可拆卸的两脚架，有些带有可调节的枪托。使用子弹方面，精确射手步枪通常可用同一步兵班的突击步枪所用子弹。不同的是，它还可以使用相关的全威力步枪弹或是高精度狙击弹，用来精准消灭敌方重火力操作手、驾驶员，压制或者击杀掩体后的敌方有生力量。

　　因为精确射手步枪大多仍来自对突击步枪的改造，它的外形类似于同一个战斗班的突击步枪。而且，为适应现代战场作战任务的需求，枪械发展目前正呈现结构模块化和功能多样化的趋势。未来，精确射手步枪与突击步枪的角色能否转换，将取决于射手的能力和选择。

士兵正在使用 Mk 12 Mod 0 精确射手步枪

PSG 90 狙击步枪侧方视角

M39 增强型精确射手步枪

→ 狙击步枪为何比普通步枪长一些

在一战、二战及之后的相当长时间内，狙击步枪其实就是普通步枪安装了狙击镜并稍加改装而成的，比如著名的莫辛 - 纳甘狙击步枪就是加装了一具四倍的光学瞄具。不过这些步枪一般在选择时都是从普通步枪中选择一些精度相对较好的，再加装瞄准镜，然后就成了狙击步枪。在拆除瞄准镜之后，和普通步枪几乎没有区别。

以前的狙击步枪因为技术的原因，在射程以及其他方面都不太理想，然而随着时代的进步和科技的发展，狙击步枪也越来先进。20 世纪下半叶，出现了不少结构新颖、性能优良的新型狙击步枪。这些狙击步枪不仅配装光学瞄准镜，还配装微光瞄准镜；有的还配装消声器，成为微声狙击步枪；有的配装两脚架，以增强射击稳定性。在现代狙击步枪中，除了发射大威力步枪弹或特制高精度步枪弹的狙击步枪外，还有一些发射小口径步枪弹的狙击步枪，或 12.7 毫米口径以上子弹的远射程狙击步枪。

狙击步枪的特点是枪管长、加工质量好。枪管长度决定了这把枪的发射准度，因为子弹是靠火药在前枪管产生热能将子弹推出去的，而枪管就好比子弹发射时的轨道，这条轨道越长，子弹发射的轨迹就越不容易偏离。这也是为什么狙击步枪要采用长枪管的原因，其目的就是让子弹能够更好地精准射击到目标上。

世界上枪管最长的狙击步枪当数乌克兰的"分裂者狙击炮"，其枪管长达2米，能在3千米的位置打穿3堵10厘米厚的墙，可见其威力之大。战场上的装甲车，在这款强大的狙击步枪面前，都是没有抵抗之力的。

法国 FR-F1 狙击步枪

乌克兰"分裂者狙击炮"

→ 军用狙击步枪与警用狙击步枪有什么不一样

警用狙击步枪枪管和零部件加工工艺的精细度及使用的子弹制造标准要高于军用狙击步枪。这是因为警方动用狙击步枪就说明发生了劫持人质或有手持重武器的暴徒行凶等恶性案件，需要警方果断处理。因此狙击手需要一枪将歹徒击毙，但是又不能伤害到人质的安全，所以警用狙击步枪在制造过程中零部件加工工艺更高，同时所用的子弹制造标准也比普通子弹高出许多，发射药装量和弹丸弧线都非常接近设计值，只有这样射击精度才能提高，子弹散布面才能保持最小。

另外，警用狙击步枪要比军用狙击步枪的枪管略短一些，因为处置在城市发生的恶性案件要尽量靠近歹徒，距离较远很可能会误伤无辜者，并且城市人员和车辆来往比较多，远距离狙杀歹徒视线会受阻，所以要尽量接近目标，最好是在 100 米以内，由其他警方人员分散歹徒注意力，狙击手一枪将歹徒击毙。既然射击距离较短，警用狙击步枪的枪管就没有必要保持那么长了。

而军队狙击手则需要尽可能离敌人远一些，现代前沿阵地侦察敌情已经多样化了，各种光学观察器材，甚至小型雷达和无人机被用于侦察敌情，狙击手如果离敌人太近就很容易被敌人发现，从而失去冷枪杀敌的机会，所以军队的狙击手要尽量在敌轻机枪战术射击距离之外，也就是在 500 米之外的距离隐蔽，因为距离较远需要军用狙击步枪的射程更远一些，7.62 毫米口径精确狙杀距离要在 800 米左右，这就需要狙击枪的枪管适当延长，这样才能更好地利用发射药的推力，发射出去之后枪口初速度更大，弹道也更加平直。

从整枪的质量来说，警用狙击步枪会略重一些，略重的目的是增强射击的稳定性；而军用狙击步枪轻一些是为了提高战场机动性，减少狙击手的体能消耗。

总而言之，警用狙击步枪和军用狙击步枪一个对内，一个对外，对内要求不伤及无辜，而对外则没有什么顾忌，只要能准确击中头部、胸部等要害之处，敌人基本都会被击毙。

警用 DSR-50 狙击步枪

军用 SR-25 狙击步枪

→ 狙击步枪大多只能单发射击的原因是什么

　　在全世界所有的狙击步枪中，绝大多数都是手动上弹的栓动单发步枪，只有极少数是半自动射击步枪。很多半自动射击狙击步枪其实叫作精确射手步枪，而不是狙击步枪。对于狙击步枪来说，首先要追求精度，如果单纯追求射击速度就和连发突击步枪没有太大区别了。

　　连发突击步枪的射击原理是：利用子弹击发后上一部分火药燃气做功推动活塞，枪机后退完成抽壳，下一发子弹上膛。这种设计极大地提升了步枪的射击速度，在战场上意义重大。不过这种设计也有一个较大的缺点，那就是为了保证整个抽壳、子弹上膛动作的速度和可靠性，枪支内部各活动部件的运动都非常剧烈，在这个过程中，每一发子弹在被推动上膛时，都会受到一定的撞击和剧烈摩擦，最终会影响子弹和枪管的密合程度，还会影响弹头的飞行轨迹，导致精度降低。另外，自动抽壳、上膛这一系列动作带来的较大振动也会影响射击精度，加上由于有一部分火药燃气量分去做功推动活塞、枪机后退，推动弹头的火药燃气量会相应减少，导致子弹射程降低。

　　各国之所以对狙击步枪采用栓动单发设计，是因为狙击步枪非常强调射击精度，讲求"一击必杀"，对于火力的持续性和密集度不做过多要求，这是与半自动、自动步枪的显著区别。为了获得高精度，狙击步枪就要尽可能消除影响射击精度的因素。而栓动式步枪在精度方面要比半自动、自动步枪有着天然的优势。

　　栓动式狙击步枪每击发一次，都需要狙击手手动旋转后拉枪栓，完成抽壳动作，然后再手动前推旋转枪栓，完成下一发子弹的上膛动作。整个过程是比较平稳的，不容易损伤子弹，可以让子弹和弹膛结合得更加紧密，避免火药燃气外泄。这些都有利于提升射程，增强弹头飞行的稳定性，从而让弹头在远距离上仍然能够拥有很高的精度。另外，为了避免子弹出膛时受到其他振动影响精度，狙击步枪往往采用浮置枪管设计，也就是枪管不能和护木、脚架、握把等结构直接接触，只有枪管尾部和枪支连接。此外，单发的栓动式步枪子弹在手动上膛后，枪栓会把子弹顶死，没有任何活动余地，精度也因此得到了保障。

　　二战时期的栓动式步枪是作为普通的制式步枪制造的，可如今的栓动式狙击步枪是作为狙击专用的武器设计生产的，两者本质上具有很大的区别。比如莫辛 - 纳甘栓动式步枪，其精度就完全无法和 SVD 半自动狙击步枪相比，再加上设计理念的进步、弹药技术的发展等因素，莫辛 - 纳甘栓动式步枪更是无法和现代的 SV98 这些高精度狙击步枪相比了。虽然栓动式狙击步枪精度上具有巨大的优势，但是在火力、反应速度等方面存在巨大缺陷，所以现在栓动式狙击步枪往往是和半自动狙击步枪等一起配合使用的。

莫辛 - 纳甘栓动式步枪

士兵试射 SVD 狙击步枪

士兵以手动方式将狙击步枪的弹壳排出枪机

士兵练习使用 M14 精确射手步枪

→ 狙击手在作战时为何用布条把枪缠起来

　　枪支在战场上已经成为士兵们不可缺少的装备，而不同兵种使用的枪械是不一样的。在所有兵种里，狙击手使用的枪支是最好的，但是由于作战环境的不同，狙击手在执行任务的时候往往会把枪支用布条缠绕起来。那么这其中的原因又是什么呢？

　　众所周知，狙击手的任务非常繁重并极具危险性，很多时候都在一些非常恶劣的环境下消耗一天甚至更多的时间，这是非常考验狙击手的耐心和意志力的。在野外他们也不能随便走动，藏身在树木草丛之中，想要去吃饭都是不可能的，常常只能饿着肚子执行任务。在野外执行任务时，狙击手通常会穿上吉利服对自己进行伪装。因为不管是在丛林还是荒野地区，他们都需要一种保护色，一种能够藏匿自己身形的装饰物，这也是为了安全考虑，就像变色龙一样，利用环境来掩护自己，从而逃过敌人的捕捉。至于为什么要将枪械也伪装起来，最重要的原因就是枪械的颜色太显眼。

　　由于狙击枪大部分都是黑色的，在野外一片绿色的环境下很容易被发现，因此，狙击手们就会给枪支缠绕绿色的布条。同样，如果狙击手身处高楼大厦之中，就会给枪支缠绕浅色的布条，这样一来就很难被敌人发现。总的来说，他们给枪支缠绕布条就是为了更好地伪装，而且布条的颜色也会随着环境颜色的不同而变化。

　　显然，给枪支缠绕布条可以更好地隐藏自己的位置，也可以让狙击步枪始终保持在一种固定的温度之内。如果狙击手身处寒冷的环境当中，那么狙击枪的温度就会发生变化，而且温度也会影响狙击枪发射子弹的速度，进而使瞄准方向发生偏离，缠绕上布条就会大大降低这种风险。

　　此外，狙击手们都是靠光学瞄准狙击击中对手的，在白天执行任务的时候，瞄准镜很可能在阳光的照射下暴露。狙击枪瞄准镜的玻璃镜头上就会出现反光，因此，狙击手就很有可能会被敌人发现，所以才会在狙击枪上缠绕布条来降低被发现的可能性。尤其是在野外作战的时候，狙击手在伪装自己的时候经常会磕磕碰碰，枪支会和树枝或者石头碰撞发出声音，缠上布条以后就会避免很多不必要的麻烦。

伪装后的狙击手与狙击步枪

用布条缠绕后的狙击步枪

在草丛中执行任务的狙击手

→ 狙击手进行远程精确射击需要注意什么

狙击手进行远程精确射击，是一项比较难以掌握的射击技术，不仅应考虑技术和装备等因素，还要考虑到气象、地理等各方面的因素。

气象因素

大气气温是基本的气象参数，温度的高低会影响空气的密度，从而影响弹头所受到的阻力大小。

其次是大气压。大气压和大气密度息息相关，由于大气密度很难测量，因此大气压的高低就成为判断大气"稠密"的一个变量。

湿度的高低同样会改变大气的密度。通常湿度越高意味着空气里的水分越多，而水的阻力很大，因此，湿度越大，对弹头的阻力越大。但实际上，大气湿度越高，大气里的水蒸气越多，大气密度越低，弹头所受的阻力越小，弹头在远距离上的下降幅度就越小了。

　　风速风向是对弹头飞行轨迹影响最大的因素。但这并不是说判断出了射击位置的风速风向，就代表弹头在整个飞行过程中一直受到这种风速风向的影响。很多环境条件下射击位置风、中场风和目标位置风的情况是完全不一样的。如果距离特别远，还可以从近到远分为射击位置风、中前场风、中场风、中后场风和目标位置风。因此，准确的判断需要射手能够有效地利用和判断不同位置的参照物。

地理因素

　　距离是影响狙击手射击的重要因素之一。举个例子，狙击手狙击200米和1500米的目标是截然不同的。狙击手的一项重要基本功就是测距，这甚至可能是生死的分水岭。

　　射击位置所处海拔：高度是一个参变量，海拔高度和大气压其有一定的关系。狙击手可以通过射击位置的海拔高度成测得大气压来计算不同海拔高度层区的大气压值。在远距离仰视俯视射击，弹头需要穿越不同海拔层区的时候很有用。值得一提的是，弹道穿越的温度层也是会随着海拔高度变化而变化的。

　　在超远程射击条件下需要注意所处的经纬度。纬度的高低不同会使重力加速度不同，纬度越高，重力加速度越大。

　　狙击手的射击俯仰角度同样很重要。一个射击角度可得到目标地理信息、实际距离、水平距离三个量。而最重要的是实际距离和水平距离。我们在用测距仪测量距离的时候，测得的是射击位置到目标位置的实际距离，但是弹头下坠幅度则是依据水平距离来计算的。

　　在超远距离上要确定射击方向，不同的射击方向产生的地转偏向力的大小不同。

　　另外还要考虑弹道穿越的气压层区。因为不同的海拔高度层区对应着不同气压层区。不过这种因素只有在大角度远距离射击时才需要考虑。

　　弹道穿越的风层也是影响射击因素之一。风也是分层的，高度不同，风速、风向也就不同，这需要经验深厚的狙击手才可以判断。通常有效的方法是观察瞄准镜里的热浪。

　　弹道穿越的湿度层：湿度也是会随着海拔高度变化而变化的。

狙击小组在城市中执行射击任务

在野外环境中的狙击手

→ 怎么理解马克沁机枪改变了人类战争史

马克沁机枪的诞生之所以具有里程碑的意义，最重要的是它改变了流行数百年的线列步兵的进攻方式，大规模地使用步兵冲锋占领阵地的时代就此结束，同时也让骑兵部队在战争的舞台上渐渐退出。

在没有出现全自动重机枪前，各国的陆上作战，都是在炮兵轰击完之后，在弹幕的掩护下骑兵和步兵发起大规模的冲锋。由于防守部队只有火炮和步枪，难以形成密集的火力网，加上弹幕掩护，其命中率很低，所以此时的线列步兵冲锋，尤其是骑兵的冲锋还是非常有效果的。一旦突入敌人阵地，随即展开白刃战，这时就需要尽可能多的人，因而一旦发起冲锋，就一定要投入尽可能多的步兵，彻底击溃敌人。

马克沁重机枪的诞生，在几十年的时间内彻底地削弱了步兵和骑兵冲锋的威力，使大规模的冲锋成为被屠杀的对象。理论上只要给马克沁机枪不断注入冷却水并且有充足的弹药，它便可以一直射击，大量地集中重机枪进行密集的射击，其火力密度几乎是之前的上百倍，并且几乎没有射击间隙，这种打击对密集冲锋的步兵而言几乎是毁灭性的。

而同时期冲锋的步兵，主要武器只有步枪、手榴弹以及少数的冲锋枪，当时还没有出现伴随步兵进攻的专门负责打掉敌人火力点的轻型迫击炮，他们薄弱的火力在防守方有良好掩体防护的重机枪火力面前几乎是没有效果的，唯一能做的就是以最大的速度冲击，冲进战壕发起白刃战。

马克沁重机枪的出现完全革新了以往的作战方式和战法，以重机枪为中心布置防守火力和阵地，伴随步兵发起攻击以及大量增强步兵突击能力的武器和战法得以大量地出现，现代化的作战模式也就此形成。

海勒姆斯·蒂文斯·马克沁与他的机枪

展览中的马克沁机枪

→ 加特林机枪是如何实现转膛发射的

加特林机枪是转管枪，如果枪管不转就没法射击。加特林机枪几根枪管可以同时上弹、击发、抛壳，通过枪管旋转循环射击，达到极高的射速。同一时刻只有一个枪管在击发，其他枪管在散热，这样就解决了高速射击的散热问题。

加特林机枪采用了自动原理，即转管发射原理，它利用一套传动装置使数支枪管围绕一根公共轴转动，从而完成连续射击。加特林机枪是机械式的，最初枪管转动需要由人力转动摇把，后来改进为由电动机或导出燃气动力来完成。其优点是射速高、威力大，而且枪管交替工作的方式使它能持续保持较好的火力；主要缺点是体积、质量大，消耗能量多。

转管机枪（即加特林原理机枪）与转膛机枪的区别是多根发射管和弹膛相对各自的枪机之间不动而整体连续不断地旋转，这种原理的工作特点是每根发射管都有自己的枪机和闭锁机构，分别依次完成进弹、闭锁、击发及抛壳等动作。而转膛原理是由一个能够容纳多发弹药的旋转弹膛，配合保持静止的同一根发射管、同一套枪机及闭锁机构来依次对准并击发各膛中枪弹，同时由处于其他位置的弹膛依次装填和退壳。转膛机枪相比转管机枪的射速更高，并可通过改变电机的功率来调节射速；枪管高速旋转可加速冷却，若枪是由外能源带动，则有较高的可靠性，不会因不发火而影响连续射击。

加特林机枪的枪管特写

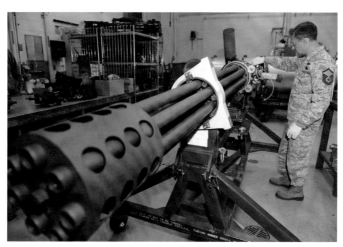

现代加特林式机炮

→ 轻机枪需要配备多少人

19世纪末以前的机枪几乎都是重机枪，重量常达几十千克。1902年丹麦研制成功的麦德森机枪是世界上第一挺带有两脚架、可抵肩射击的轻机枪。在栓动式步枪仍然是步兵主要兵器的年代，轻机枪无疑是步兵主要的火力输出单元。

轻机枪通常使用与制式步枪子弹相同的弹药，尤其是中小口径步枪弹，重量比通用机枪轻，一般装有枪托，能全自动射击，可提供步枪难以提供的支援及持久压制火力，弹匣、弹鼓或弹链容量30～200发，附有两脚架、重枪管，部分可装在三脚架或固定支架甚至遥控武器系统（RWS）上。但有限的弹容量导致轻机枪持续射击能力有限，所以需要经常更换弹匣。

在作战使用的时候，步枪、冲锋枪等步兵武器，都是单兵携带武器。重机枪因为笨重一般必须配备2～3人；至于轻机枪，虽然它小巧轻便，在使用操作的时候，一般情况下仍需配备2人：一个是射手，另一个是副射手。

这是因为相比步枪、冲锋枪等武器，轻机枪还是有一定重量的，而且所配备的弹药数量也多。在实际作战中，战场情况多变，需要随时携带枪支和弹药转换地点。此外，轻机枪的子弹是装在弹盒内的弹链上的，每个弹盒仅能容纳一定数量的子弹。轻机枪在战斗过程中由于是连续射击，弹药消耗量很大，需要不断地更换弹盒，重新给空弹链装填子弹，这样如果是一个人的话，就不能保证轻机枪的正常连续发射，无法充分发挥对敌人的密集火力压制作用。如果是两个人的话，情况就不同了，射手可以集中精力来进行射击，副射手则在旁边装填枪弹，给射手提供充足的弹盒，从而充分发挥轻机枪的作战效力，不给敌人以喘息之机。

此外，轻机枪的副射手还要随时做好应付各种突发情况。比如在作战中射手负伤，或者轻机枪突发故障、转移阵地、抢修工事、对空射击等，这都需要两个人密切配合，一个人不可能同时兼顾。

　　总之，对于轻机枪来讲，在操作使用时，只有两个人密切配合，才能抓住战机，充分发挥轻机枪的作战威力。

士兵小组正在使用 FN Minimi 轻机枪

士兵正在练习使用 RPK 轻机枪

士兵正在使用内盖夫轻机枪发射

→ 轻机枪总是打不到人是真的吗

　　轻机枪是由 19 世纪末 20 世纪初的重管自动步枪发展而来的，这是因为早期的自动步枪使用与当时栓式步枪和中型机枪相同的弹药，并且有厚重和长大的枪管，适合高精度和较长时间的连射，其重量为 5 ～ 10 千克，虽然可以单人携带，但在一战中证明其只适合支援持冲锋枪或霰弹枪的队友突击，而且早期的自动步枪外形不符合人体工学设计，也没有装备枪口制退器，所以不适合用作直接突击武器，因而被装上两脚架专责进攻支援或阵地防卫的任务。现代轻机枪一般在战场上作为支援及阵地防卫武器，能够由单兵携带、射击、布置等，是个人武器中火力较强的一种。

　　现代轻机枪手的射击姿势主要有三种，即站立冲锋扫射、蹲姿射击以及标准的卧姿射击。如果不借助任何掩体或者可架枪的额外装备的话，弹道最稳定的就是卧姿射击了。

　　由于除了卧姿以外的射击方式，其他射击方式无须借助轻机枪自带两脚架的辅助，导致机枪本身的大后坐力都没有被地面抵消，士兵控制机枪的难度被增大，加上连续射击枪口跳动厉害，所以子弹发射并不稳定，因此很难击中目标。但如果采用下卧姿势持枪伏击敌人，其弹道就会稳定不少，但这都不是轻机枪打不到人的唯一原因。

轻机枪的发展已经有了很长的一段历史，经过很多国家士兵作战经验的总结，轻机枪在战场上并不是正面伏击敌人杀敌数量最多，最佳的射击位置是在正面战场一侧，将轻机枪的枪口对准冲锋的敌人扫射，轻机枪的子弹射中敌人的概率就会大大增加。

如果非要把这种战术运用到普通人使用轻机枪的战术中来的话，侧面伏击来犯的敌人或许会有意想不到的效果。如果是正面的话，无论是转换枪口位置，还是矫正枪口跳动幅度，或是紧急情况下的换子弹都是力不从心的。

轻机枪打不到敌人不要紧，如果要长时间使用轻机枪作战，除了压制性射击以外，射手更应该懂得如何进行短促射击，使用一发子弹或者两三发子弹射击敌人，精准度、局部伤害都会提高很多，甚至在一场不可避免的遭遇战中，枪手无须更换弹匣也是可以成功完成战斗任务的。

士兵正在使用 M249 轻机枪

搭在两脚架上的 RPK-16 轻机枪

士兵正在使用大宇 K3 轻机枪

→ 两脚架是轻机枪，那三脚架就是重机枪吗

轻机枪与重机枪的区别有下述几点。

1. 质量

轻机枪的质量大约为 10 千克，而重机枪则比较笨重，基本上都在 25 千克以上。

2. 射速

轻机枪射速约为200发/分，重机枪射速要比轻机枪明显高一个层级，达到 600 发/分。因此，轻机枪大多使用弹匣供弹，重机枪大多使用弹链供弹。

3. 有效射程

轻机枪有效射程大约为 500 米，重机枪则达到 1000 米以上。

4. 用途

轻机枪偏重于火力支援，重机枪则担负火力压制任务，有时还要打击简易工事和轻装甲目标。

在众多的区别中，最主要的就是质量，轻机枪、重机枪的名字也是因此而来的，正是因为重机枪质量较大，为了保证射击的准确性，通常会配用三脚架以增加其稳定性，同时由于质量大，一个人无法携带，这些衍生而出的特点也逐渐成为重机枪的特点。而口径上的区别相对就比较含混，一般来说，重机枪的口径都是 10 毫米以上的大口径，轻机枪更多的是 10 毫米以下的小口径，但这也不是绝对的，更不是区分的关键标准。

在外观上对两者最简单的区分就是看枪用支架，采用两脚架的是轻机枪，采用三脚架的就是重机枪。

不过，在二战期间又出现了介于轻、重机枪两者之间，模糊了轻、重机枪区别的通用机枪，也叫轻重两用机枪。这是将轻、重机枪的优点有机结合起来的新品种，既具有重机枪射程远、威力大、连续射击时间长的优点，又有轻机枪轻便灵活，能紧随步兵进行行进间火力支援的优点。正因为兼备两者之长，所以在战后很快取代了轻机枪与重机枪，成为机枪的主流种类。特别是在步兵分队中更是基本取代了重机枪的地

位，而且有的通用机枪还同时配有两脚架和三脚架，以便在不同的战场条件下灵活转换使用。

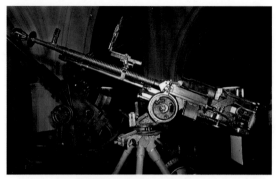

装在三脚架上的 DShK 重机枪

装在三脚架上的 M2 勃朗宁重机枪

配备两脚架的 LSAT 轻机枪

Ultimax 100 轻机枪前侧方视角

→ 机枪和步枪真的能打穿坦克吗

坦克自从诞生就受到了各军事强国的重视。在二战时期，由于战争的影响，坦克发展得很快，无论是机动性还是火力值都得到了一定的提高，因此它是陆地战场中的一款重量级武器。随着工业技术的进步，坦克的装甲性能也有所提升，不仅所使用的材料更加先进，而且其厚度也增加了，大多在 10 毫米以上。在实际作战中，坦克武器通常会和步兵进行联合作战，坦克依靠着坚硬的装甲外壳抵御敌方的攻击，步兵则使用坦克对敌军进行打击。凭借着坦克的防御能力，很少有子弹可以穿透它。尽管如此，还是有士兵使用机枪和步枪对敌军的坦克进行射击，那么这样的操作是否对坦克有效呢？

二战时期，坦克的装甲厚度提升了很多，这时候普通的子弹很难对其产生威胁，因此一些国家开始研制大口径重型机枪或反坦克式机枪，比如苏联的 14.5 毫米反坦克式机枪，这种机枪弹药是专门为了对付坦克研发的，它采用了碳化钢式的弹芯，可以在 500 米的范围里击穿 32 毫米厚的垂直装甲。但是这些子弹只能对那些轻型的坦克起作用，而现代坦克的质量越来越重，正常情况下，重型枪械的穿甲弹并不能将坦克的正面装甲击穿。但是，机枪扫射坦克并不是像许多人想的那样，只是做无用功，这种射击方式仍然有一定的效果。

虽然坦克是一种防御性很强的武器装备，但是它的所有配置并不都和装甲一样那么坚硬，比如激光测距仪器、观察孔、夜视仪等装置。相对装甲来说，它们的防护力比较薄弱。因此在实际作战中，机枪和步枪武器可以针对这些部位下手，如果能顺利击中，将会对坦克造成很大的伤害。例如，枪械武器可以通过不断射击，击中坦克履带，从而让坦克失去移动能力。

另外，机枪和步枪的射击可以对敌方的坦克起到牵制和干扰的作用。在实际作战中，面对敌方不断的子弹扫射，坐在坦克里的士兵的注意力会受到一定程度的影响，甚至可能还会干扰坦克的正常通信功能。如果击中了坦克的观察孔，坦克的行进将可能会被迫停止。

除此之外，枪械扫射要对付的其实不只是坦克，更多的是坦克后面的士兵。常见的陆战模式是坦克在前方集中火力，为后面的步兵做好掩护，而这些步兵可以在后方帮助坦克更好地对目标进行打击，为其提供后勤保障。这时候如果使用机枪或者步枪对坦克进行扫射，有很大的概率可以射中其周围的步兵。由此可见，在实际作战中，用机枪和步枪对坦克扫射是出于战术上的考虑。

二战时期苏联装备的 T-34 中型坦克

14.5 毫米反坦克式机枪

PTRD-41 反坦克步枪

→ 坦克上面的高射机枪有什么用

坦克是现代陆上作战的主要武器之一，主要用来与对方坦克或其他装甲车辆作战，也可以压制、消灭反坦克武器，摧毁敌方工事，歼灭敌方陆上力量。坦克武器系统主要由中口径或大口径火炮，以及炮塔上面装备的机枪组成。

二战时期英美军队的"谢尔曼"坦克一般都会加装一挺 M2 高射机枪，苏联坦克到了后期也开始加装一挺"德什卡"高射机枪。在当时，自行高炮尚未普及，机械化兵团的野战防空能力并不算太强，所以坦克炮塔上的高射机枪在遭遇空袭时的确可以应急。另外，这些武器确实可以对当时还不算先进的战机构成低空威胁。

早期坦克上面的机枪用处确实挺大的，坦克机群装备的高射机枪一并向上射击的话，可以威胁低空飞行目标，虽然不一定能打下对方的战斗机，但是只要对方不能低空攻击，其攻击的准确性就会大幅度降低。但现代由于航空科技的飞速发展，坦克装备的高射机枪对空攻击的作用小了很多，现在陆军对空防御要靠专门的野战防空导弹。

尽管如此，坦克上面的机枪也并没有取消。20 世纪 60 年代，各国开始意识到，高射机枪虽然难以打击高速攻击机，却可以对刚刚兴起的直升机构成巨大威胁。另外，大口径高射机枪不仅可以打击空中目标，而且可以平射打击地面的轻装甲和步兵目标。其巨大的威力也颇具威慑力。还有一个原因，就是在战斗中坦克炮的仰角有限，无法打击一些位置较高的目标，而高射机枪在这样的情况下则可以应急。

有意思的是，在德国早期生产的坦克上搭载的一般是中口径机枪，把传统的大口径高射机枪改用了载弹量更多的中口径，看似在对陆攻击上有独特的优势，但这样做带来的缺点是当遇到城市作战时，想要打击高层建筑之后的步兵，中口径机枪的威力反而不如大口径高射机枪。而且操作坦克机枪有时需要士兵探出车外，反而增大了被敌方子弹击中的危险。

目前，许多新式坦克基本上都配备了大口径高射机枪、机炮和其他武器的无人武器站。为了保证操作机枪士兵的安全，还会为坦克加装防护钢板以及遥控设备。

二战时期应用在坦克上的"德什卡"高射机枪

安装在勒克莱尔主战坦克上的 AA-52 机枪

→ 飞机上的机枪威力真的有那么大吗

一战以前，飞机刚应用于战争，由于当时生产的飞机普遍飞行速度很慢，各项性能都很差，所以只能作为高级侦察和指挥工具使用。最早用于空战的武器种类繁多，如砖头、石块、手榴弹、手枪等。随着战争的发展，空中战斗变得激烈起来，飞机性能不断改进，飞行员的驾驶经验也在不断积累，各国开始研制专门适用于飞机作战的航空机枪。从此，航空机枪自立门户，经过多年研究，已经发展成为一个精密的枪械体系。

二战期间，航空机枪的口径加大、射速提高、威力增强，设计技术逐步走向成熟。航空机枪在飞机上的安装及操作方式也得到改进，可装在遥控枪塔内，由雷达操纵，实施自动瞄准。飞机上装备的航空机枪数量也明显增加，一般装备 4 ～ 6 挺，甚至可达 10 挺之多，其中使用最多的就是勃朗宁 12.7 毫米 M2 机枪，其被誉为航空机枪"明星"，生产数量超过了 200 万挺，几乎所有的美国战斗机都装备了这种武器。

二战以后，出现了多种型号的转膛式和多管旋转式航空机枪。作为机载武器，航空机枪必须以金属的弹链供弹。弹链放在弹箱中，子弹沿输弹导管被送入机枪中。20 毫米以上口径的机炮，则多采用弹夹供弹，弹夹直接安装在机炮上。高空环境下，普通的机枪根本射不出去，因而就有了机炮。其实机枪和机炮没有多大区别，只不过超过一定口径的机枪射出去的子弹会像炮弹一样爆炸，所以叫作机炮。

作战飞机所配的机枪和机炮是根据飞机性能和作战要求确定的，尤其是轻型战斗机，由于结构原因，只能尽量满足战术要求。机枪和机炮由于弹道性能不一样，远距离弹头落点存在高低偏差，尤其是口径相差悬殊的情况下非常明显。但是经过调校在一定的距离内是没问题的，落弹点基本能够重合，这个距离就是最佳射击距离，齐射时能以最大火力密度覆盖目标。

不同于地面，由于战斗机飞行速度较快，在双方互相缠斗的情况下，可供瞄准和射击的时间非常短暂。航空机枪单发弹丸威力不足，就必须瞄准并持续射击一段时间，方能向目标投掷足够多的子弹，并摧毁目标。

而机炮则不需要，大口径的炮弹只需要一两发，就足以对目标造成致命的损伤。

D.XXI 战斗机机翼上有固定安装的机枪

P-38 战斗机的机头装有 4 挺 AN/M2 重机枪

M134 航空机炮

→ 各国普遍重视通用机枪是什么原因

重机枪在经历了一战的短暂辉煌后，因其机动性差、容易成为攻击目标，不再被军队青睐。为了保持火力持续性和较强的机动能力，通用机枪应运而生。

通用机枪在二战时期是步兵作战的有效火力支援武器。那时候步枪多为非自动，半自动步枪都很少，因此，通用机枪凭借较强的持续火力和灵活机动性与步枪、轻机枪可以构成有效的火力网。但是随着全自动突击步枪的发展以及小口径班用机枪的出现，传统的通用机枪的地位开始摇摇欲坠。此外，随着步兵机械化能力的增强，以车载形式出现的压制火力更为有效的大口径重机枪已经成为一种发展趋势，通用机枪更是被认为即将退出历史舞台。

20 世纪 90 年代，美国陆军在总结 1993 年索马里战斗经验时指出，M249 5.56 毫米班用机枪虽然在以近战为主的城市作战中机动能力强，但枪弹侵彻力和战场威慑力都没有 M240 7.62 毫米通用机枪大。因此直到现在，美国陆军的9人步兵班中仍然保持2挺M249班用机枪的编制，而将M60通用机枪作为连用机枪，并在战斗中可以加强到步兵班中，由班长指挥。其他国家也基本参照了这一模式。

如今，世界各国都已发现，中口径通用机枪的战术用途仍是大口径重机枪和小口径轻机枪所无法替代的。尤其是在第一、第二次海湾战争中，小口径武器暴露出中远距离火力压制效果不够理想和城市巷战中杀伤力不足的缺点，而大口径机枪由于机动性较差不适于城市巷战，只有通用机枪因其携行轻便，在近距离上击中目标后杀伤效能和威慑力又高于小口径机枪，恰好填补了二者之间的空白。

现在世界各国都在研究如何更好地发挥通用机枪的作用，当通用机枪编制到步兵班后，通用机枪组仍然配置两名士兵，但副射手不再是过去那种背着后备枪管和弹药、只佩带手枪的专职副射手，而是使用突击步枪协助战斗并兼顾弹药及后备枪管运输的兼职副射手。所以美军的9人步兵班加强后会有11名成员，编制有两挺M249班用机枪和一挺M240通用机枪。美军的M240通用机枪实际上经常由单人携带和操纵，而且很少使用三脚架，以方便转移阵地和伴随部队冲锋，通用机枪实际上扮演着班用轻机枪的角色。

士兵使用M249班用机枪进行射击训练

士兵正在使用 M240 通用机枪

配备两脚架的 PKM 通用机枪

三脚架上的 M60E3 通用机枪

→ "芝加哥打字机"的威力是否被夸大了

汤普森冲锋枪由于其枪声"嗒嗒嗒"似打字机，所以被称为"芝加哥打字机"，此外，还有"芝加哥小提琴"等称呼。

汤普森冲锋枪是以美国自动武器公司创建人之一约翰·汤普森将军命名的，但实际上是由设计小组中的另外两名美国人设计的，旨在为军方研制一种取代当时流行的栓动式步枪的自动武器。汤普森冲锋枪在制造方式上，采用整块钢板加工而成，好处就是这款冲锋枪的耐用性非常好，但是随之产生的一个问题就是这款冲锋枪的整体质量偏重，所以轻便性就达不到很高的标准。

与同期同类武器如苏联的 PPSh41 冲锋枪、英国的斯登冲锋枪、德国的 MP38/40 冲锋枪等相比，汤普森冲锋枪单发子弹的停止力可以名列第一，单发命中人体躯干部位即可令人基本丧失抵抗能力。但因其子弹初速度低、穿透力较弱，在丛林作战中难以穿透树枝树干。由于质量偏重、全枪过长，易携性、操作灵活性逊色于英国斯登冲锋枪和德国

MP38/40 冲锋枪，与苏联 PPSh41 冲锋枪相近。在火力持续性方面使用弹鼓的汤普森冲锋枪与苏联的 PPSh41 冲锋枪相近，比英国的斯登冲锋枪和德国的 MP38/40 冲锋枪优秀。在可靠性方面，苏联 PPSh41 冲锋枪首屈一指，汤普森冲锋枪在使用弹匣的前提下与 PPSh41 冲锋枪不相伯仲，也比英国斯登冲锋枪和德国 MP38/40 冲锋枪优秀。在造价方面，汤普森冲锋枪是同期同类武器中最为昂贵的。受到当时生产材料和加工工艺的限制，汤普森冲锋枪与其他同期同类武器共同存在着长期使用后枪管膛线磨损严重，射程和精度严重下降的问题。

与其他同期的冲锋枪相比，11.43 毫米口径的汤普森冲锋枪过重、复杂和昂贵。尽管如此，汤普森冲锋枪与马克沁机枪一样，仍然是当时性能最优秀的自动武器之一。

汤普森冲锋枪模型

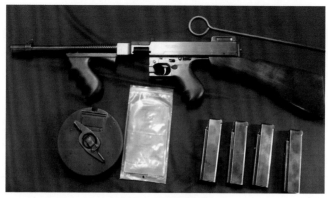

汤普森冲锋枪及配件

二战时期使用汤普森冲锋枪的士兵

一名配备了汤普森冲锋枪的士兵

→ "希特勒的电锯"真有那么恐怖吗

MG-42 通用机枪是难得的可靠、耐用、简单、操作容易以及成本低廉的德国武器。它最大的特点就是射速极快，被称为"希特勒的电锯"。在所有机枪中，MG-42 通用机枪的射速最疯狂，可高达 1500 发 / 分钟。而机枪射速超过每分钟 1000 发以后，据说人就无法分辨单个的枪声。MG-42 的射击声有别于捷克或勃朗宁机枪的"哒哒哒"声，而是一种类似于高速转动的电锯的"嘶嘶嘶"声。如果一定要找到一个类似的，那么它的射击声和美军六管米尼冈机枪——陆军型号称为 M134 型速射机枪类似，这款枪的射速可以达到 6000 发 / 分钟。

MG-42 特殊的射击声是二战时期盟军士兵的噩梦。因为超高的射速，被 MG-42 机枪击中几乎就是致命的，在那一瞬间，他有可能被击中数发。轻武器评论家用三个"最"来形容它："最短的时间，最低的成本，但却是最出色的武器。"

这款机枪的威力虽大，但是并未就此得到重用，世界上大部分国家都不曾装备这款机枪。其原因如下所述。

第一是因为 MG-42 机枪太容易发热。因为太容易发热所以在使用过程中就必须频繁更换枪管，从而大大增加了工作量。所以这款机枪只能在天气寒冷的时候或寒冷的地区使用，在高温炎热的条件下不好用。

第二是 MG-42 机枪射速过快。因为射速太快就意味着它不能长时间进行大规模的火力覆盖。此外，MG-42 机枪对射手的要求也更高，后勤的压力也会更大。

第三是 MG-42 机枪所使用的 7.92 毫米子弹在二战结束之后几乎就停产了。这就意味着 MG-42 机枪再也找不到匹配的子弹，使用率自然也就下降了。

目前，除了各国陆军地面部队以及政情混乱地区的民兵仍旧在使用 MG-42 与其衍生型机枪之外，该枪设计的重点也被东欧国家所采用。例如匈牙利采用 MG-42 的设计原理研发成坦克用机枪，苏联则研发成 7.62 毫米 GShak 战机空用机枪。但 MG-42 因为可更换枪管，在性能上比东欧生产的机枪仍占上风。

MG-42 通用机枪及弹链

MG-42 通用机枪前侧方特写

MG-42 通用机枪的滚柱式闭锁枪机系统

士兵小组正在使用 MG-42 通用机枪

→ 枪族化和模块化各有什么特点

枪族化与模块化是近现代轻武器设计的两种典型思路，它们的出现源于近现代战争的经验和教训，是随着战争机理、作战任务和战争理论的创新而不断发展的又与国家工业制造实力、后勤保障能力等因素密切相关。

枪族化的构想源于二战时期。各国为了减轻后勤保障压力，以某款成熟枪械为基本型号，改变其枪管长度、护手尺寸、枪托款式、供弹方式等要素，使同种枪弹在不同交战距离内发挥不同战斗效能。其显著特点是可以将统一口径标准的枪弹应用到不同型号的枪械上，而且这些枪械的部分零部件可以通用。

枪族化由构想变为现实是在冷战时期。当时北约和华约两大阵营对峙，战争一触即发，为了减轻大规模作战的后勤保障压力，降低研发成本，缩短生产周期，枪族应运而生。

20 世纪 50 年代到 60 年代，美国枪械设计师尤金·斯通纳设计出了斯通纳 63 枪族，该枪族以步枪为基础，通过更换部分零部件组成多种不同的枪型，包括步枪、卡宾枪、轻机枪、中型机枪、固定式机枪和救生步枪。斯通纳枪族因便于批量生产、成本低、操作方便、利于简化训练等因素，影响了很多国家的枪械设计思路。随后枪族化在北约、华约两大阵营兴起，比利时的 FN FAL 枪族、以色列的加利尔枪族等都是比较成功的产品。枪族化武器在步兵班内得到广泛装备使用，其有两个明显优势：一是实现了步兵班内主要枪弹的通用；二是实现了步兵班内武器主要零部件的通用。如步枪的枪机可以装到机枪上使用，机枪的弹鼓可以装到步枪上使用。

但枪族化牺牲了枪弹的拓展性，按枪族化设计的枪械由于统一了枪弹尺寸，因此，在战斗效能潜力挖掘上空间有限。影响武器威力的主要因素不在于枪支，而在于枪弹，枪支只是枪弹发射的平台，枪管长度、膛线缠距等因素虽然影响弹头的初速度和动能，但枪弹才对威力的提升起决定性作用。

冷战结束后，大规模战争风险大幅降低，地区局部冲突、恐怖袭击成为影响世界和平稳定的新因素。特种作战和反恐作战等新型作战模式迅速发展，而当初为适应大规模作战诞生的枪族，已不能完全适应新的作战态势，枪械模块化逐渐崭露头角。

为满足交战环境复杂多变以及非对称作战的实际需要，一些国家开始探索"一枪多弹多模式"的全新设计途径。为突出枪械设计的整体性并减轻作战人员负重，设计人员将一支枪分成多个结构模块，通过更换不同模块实现口径和枪型之间的转换。

目前，世界上典型的模块化枪械多采用有托结构和上下机匣结构，通常一支模块化枪械会被分为枪管 / 导气系统模块、枪机模块、供弹模块和击发机模块等。部分厂家还将握把和枪托设计成单独模块，以便更好地提高人机工效，为用户提供多样化选择。模块化枪械的转换可分为同口径枪型转换和不同口径枪型转换。同口径枪型转换是在使用同一尺寸枪弹的基础上，在短突击步枪（卡宾枪）、突击步枪和精准射手步枪等不同枪型之间转换，通常只需更换枪管 / 导气系统模块和护手即可。不同口径枪型转换是在两种或两种以上不同尺寸枪弹之间进行的转换，通常是在同口径枪型转换的基础上进一步更换枪机模块和供弹模块。

和枪族化相比，模块化枪械更加方便灵活，拓展性更强，作战效能的潜力发掘空间更大。但它也有一些弊端，由于更换不同模块时射击诸元发生了变化，并且更换后零部件之间的吻合程度会发生微小变化，对武器射击精度产生了一定的影响。但随着制造工艺的不断提升，这些问题都能得到解决，因此，模块化仍是未来枪械发展的主流趋势。

德国 HK G36 突击步枪

配备 FAMAS F1 步枪的士兵

海军陆战队士兵正在使用 M16A4 步枪

使用 SA80 A3 步枪的士兵

→ 特种士兵钟爱卡宾枪是因为什么

卡宾枪在二战时期迅速崛起，比一般步枪短小轻便。在许多情况下，卡宾枪只是同型普通步枪的缩短型。原先卡宾枪主要是供骑兵和炮兵装备使用。在骑兵逐渐被淘汰后，它也曾作为特种部队、军士和下级军官的基本武器。

M1 卡宾枪是枪械历史上按照公认的卡宾枪定义设计及大量生产的一种专门的卡宾枪。它原本是美军为二线部队提供的一种用于替代制式手枪的自卫武器。美军提出的具体战术技术指标要求是质量小于 2.5 千克，取代手枪和冲锋枪作为军士、基层军官或机枪手、炮手、通信兵或二线人员使用的基本武器。该枪于 1941 年 10 月正式定型，并命名为 M1 卡宾枪。

在现代的战争中，常规的制式步枪已经无法满足一些兵种单兵战斗的作战需要，所以必须开发出机动性和特种作战性能更好的卡宾枪。如今的各种卡宾枪都是在原型标准步枪的基础上定型的，卡宾枪和原型的标准步枪用的也是同样的弹药，这在后勤保障上是很重要的，比如 M16 突击步枪和 M4 卡宾枪，用的弹药都是北约标准的 5.56×45 毫米子弹，两者的许多零部件可互相通用，这大大方便了后勤供应和维护保养。德国的 HK G36 自动步枪中也衍生出了卡宾枪型 HK G36k，它们之间的弹药也是通用的。由于采用步枪弹以及枪管过短造成的原因，卡宾枪存在枪口焰大和制退效果不好的问题。

美国军队自 1994 年起为了替换老旧的 M16 步枪，开始大量装备 M4 卡宾枪。M4 卡宾枪是 M16A2 自动步枪的变形枪，该枪首先装备美国第 82 空降师，用于替换 M16A2 自动步枪、M3 冲锋枪以及车辆驾驶员选用的 M16Al/A2 步枪和某些 9 毫米手枪。M4 卡宾枪的基本结构与 M16A2 自动步枪相同。M4 卡宾枪现已成为美国军队装备量最大的单兵武器之一，而随着原本计划用于替代 M4 卡宾枪的 XM8 项目取消，M4 卡宾枪未来仍将在美国军队中服役很长一段时间。

装备 M16A2 步枪的士兵

M4 卡宾枪侧面特写

M1 卡宾枪及配件

→ 世上真的有无壳弹步枪吗

早在 100 多年前，欧洲就有人提出过无壳弹的设想。19 世纪 60 年代，美国人曾使用过用锡箔做外壳的子弹，发射后，锡箔被炸成粉尘吹出枪口。早期的无壳弹由于许多技术问题无法解决，很快被有壳弹取代。但无壳弹机枪的研制工作并没有停止。20 世纪 60 年代，美国、奥地利和当时的西德等国重新开始无壳弹的研究，并制出样弹和样枪进行过一些试验。技术比较成熟并且已装备部队的，只有德国的 G11 无壳弹步枪和无壳弹。

最初，G11 的开发项目只有两个公司参与，其中，HK 公司负责武器部分的设计，而诺贝尔火药公司则负责设计无壳弹部分。这两个公司并称为 GHGS（无壳弹步枪系统联合企业）。后来德国的光学仪器制造公司又加入了 GHGS 集团，负责开发和制造 G11 系统的 1 倍率光学瞄准镜。

经过 20 多年的努力，G11 无壳弹步枪系统日趋成熟。1990 年 3 月 23 日，在 G11 项目完成一系列试验后，当时的联邦防卫技术与采购署确定：无壳弹步枪在技术上已经达到装备水平。1990 年 4 月 4 日，西德陆军部宣布，G11 无壳弹步枪已经达到部队使用要求标准。

G11 无壳弹步枪的无壳弹由高燃点发射药和弹丸压铸而成，没有金属药筒。弹长 33 毫米，重 5 克，其中，弹头重 3.25 克，直径为 4.73 毫米。发射药燃点高，平时可避免因撞击而引发走火；射击时不会因弹膛发热而自燃。发射药自燃曾经是 G11 步枪研制过程中的一个关键问题，后通过改进配方得以解决。

G11 无壳弹步枪的主要部件有机匣、旋转枪机、枪管和弹匣。枪的外壳由玻璃纤维和钢板加强的聚酰胺塑料制成，无枪托，活动机件全部藏在外壳内，扳机孔、装弹口等均有密封件密封，可以防雨、雪、尘埃。枪的中部上方有提把，同时又是光学瞄准镜。枪机为一圆柱体，横插在枪管尾部，可以转动，弹膛在枪机中部。装弹时，弹膛对准弹匣的输弹口，压入一发子弹，枪机旋转 90°，弹膛对准枪管，击发后，弹膛转回来再装另一发子弹。当该枪配用榴弹发射器发射穿甲弹时，能在 300 米距离穿透 6 毫米厚的钢板，或在 600 米距离击穿钢盔。而美国正在实施的"高级战斗步枪"研制计划中，有一个方案就是无壳弹步枪，并已制成样枪进行试验。

G11 无壳弹步枪剖面结构

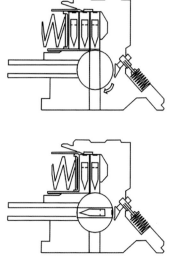

被分解后的无壳弹

G11 无壳弹步枪进弹运作图

→ 美国正在研究制造的理想的单兵战斗武器是什么样的

　　美国研制多年的理想的单兵战斗武器，已经由美国陆军正式命名为 XM29。XM29 是为"陆地勇士"开发的单兵战斗武器，也是陆军"未来战斗系统"计划的一个重要组成部分。尽管 XM29 的计划延期了，但陆军已经决定装备这款武器。为确保 XM29 计划的实用性和如期装备部队，在今后的发展中将放慢 XM29 的开发进度，但会把整个 XM29 分成两个子计划分别进行研制，一个是由动能武器部分发展而来的 XM8 轻型突击步枪，另一个则是由空爆弹武器部分发展而来的 XM25 自动榴弹发射器。当这两个计划发展成熟后，就会重新结合起来成为最终的 XM29 型号。

　　1998 年 4 月到 1999 年 6 月底，6 支将各个模块组合在一起的样枪研制完成，1999 年 7 月对其进行性能测试。在 1999 年 9 月 29 日的试验中，一发 20 毫米榴弹在枪管中爆炸，并有人员受伤，但这并不影响 XM29 的总体进程。最初的 XM29 计划预定在 2005—2006 年开始装备部队，可惜仍然有技术难题没有攻破，如指标中的质量要求是含 30 发步枪弹和 6 发空爆弹在内总重不大于 6.35 千克，而目前的样枪超出 1.8 千克。不过陆军仍然对 XM29 充满希望，并将继续对其进行改进。

　　目前，XM29 计划把发展重心集中在武器系统的安全性，以及武器、火控系统和弹药的全尺寸工程设计中。到 2002 年 1 月结束试验为止，美国已分别在 100 米、350 米和 500 米射程上发射了超过 180 发空爆弹，以检验空爆弹的射击精度，试验弹药也通过了安全测试要求；目标跟踪 / 火控系统也正在升级，包括增加战斗识别功能、数字摄影仪等功能，并使 XM29 的火探系统与陆地勇士系统结合起来，实现两个系统间的数据共享；减轻武器质量也是目前的一个重点，包括改良武器结构，采用新材料技术，改进电池和火控系统的设计等。

士兵使用 XM29 OICW 武器系统

士兵使用 XM25 自动榴弹发射器

第 2 章
构 造 篇

　　枪械的机件很多，而且构造都很复杂。主要零部件是指组成枪支的主要零件和部件。其中，枪支主要零件是指对枪支性能具有较大影响而且不可拆分的单个制件，如枪管、击针、扳机等；枪支部件是指由若干枪支零件组成具有一定功能的集合体，如击发机构部件、枪机部件等。

→ 概述

由于用途的不同和设计思想的差异，每种枪都有自己的结构特点。对于结构最简单的非自动枪械，仅要求它把弹头发射出去，因此，只要有枪管及发射结构就够了。对于现代自动枪械，由于使用要求很高，结构也随之更加复杂，不仅要把弹头发射出去，还要完成枪机开锁、打开枪膛、抽壳、抛壳、供弹等动作。

枪管是枪械的主要组成零件之一，通常是以耐热不易变形的金属管打造而成的，连接在膛室，当子弹被击发时，火药爆炸所产生的膨胀气体会推动弹头通过枪管，最后成为高速的投射物射出。

供弹具是枪械供弹系统的重要组成部分，它在很大程度上决定了整个武器系统的可靠性，因为有30%～70%的常见故障是在供弹过程中发生的。对供弹具而言，合理的设计不仅能使供弹流畅而稳定，还能有效地简化供弹机构，减轻全枪质量。历史上曾出现过的供弹具种类繁多，但到二战期间现代供弹具的基本种类才得以确定，主要包括弹仓、弹匣、弹链和弹鼓（盘），早期的一些供弹装量如供弹漏斗和弹板被淘汰。到20世纪80年代末，又出现了螺旋弹鼓和其他一些新型供弹具。每种供弹具都有其长处和缺陷，武器最终采用哪一种形式的供弹具，主要还是取决于这种武器的用途和使用环境。

退壳机构是枪械中用于将弹壳或枪弹从弹膛内退出，并抛到枪外的部件。它主要用于排出射击后的废弹壳和入膛后不准备发射的枪弹。其可分为两种类型：一种是将弹壳抽出弹膛的抽壳机构。闭锁后，枪机弹底巢与拉壳钩配合抱住枪弹，在开锁后及时将弹壳抽出。另一种是将弹壳抛出枪外的抛壳机构。现代枪械通常是以抛壳挺撞击后退抽出的弹壳底部，将弹壳抛出枪外，称为顶壳式。此外，还有用次一发预备进膛的子弹，将弹壳挤出枪外的挤壳式；拨壳式和打壳式已很少使用。

击发机构是用击针打击底火，进行发射的枪械部件。13～14世纪的原始枪械枪管尾部有一小孔与枪膛相通，称为火门，人手拿火种由此点燃膛内火药，进行发射。15世纪发明火绳机、手扣扳机，可以使引燃着的火绳移近火门，点燃火药，进行发射。16世纪发明燧石机，以燧石摩擦或撞击产生火花，点火发射。19 世纪初，发明了击发点火装置，用打击击药的方法点火发射。19 世纪 30 年代，发明以击针撞击待子弹底火引燃击发射药的定装式枪弹的发射方法，现代枪械基本上都使用击针式击发机构。

闭锁机构就是发射时关闭弹膛，承受火药燃气压力的机构。闭锁机构的可靠与否关系到火药燃烧后的能量能否充分得到利用，以及射手的安全，所以非常重要。这种机构可以分为惯性闭锁机构和刚性闭锁机构两大类。其在关闭时叫作闭锁（状态），而解除闭锁的过程叫作开锁。

复进机构是指自动枪械射击时，使开锁后退至终点的枪机重新复进闭锁的装置。主要由复进簧、导杆等组成。复进簧是实现枪械自动化的关键零件之一，1863 年由美国人皮龙首先使用。在枪机后退时，复进簧吸收枪机的部分动能，通过压缩、伸张时释放出来，作为枪机复进、供弹和闭锁的能源。复进簧有单根和多根之分，单根簧还有单股和多股钢丝扭制之分。多根较小刚度的弹簧并联使用，可得到刚度较大的复进簧；使用多股簧做复进簧，可提高使用寿命。

轻武器瞄准具（镜）是手枪、冲锋枪、步枪、机枪和火箭筒在战斗中实施瞄准、使平均弹道通过目标的装置，也是现代轻武器的重要组成部分。

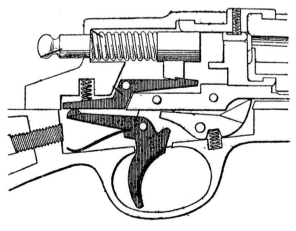

栓动步枪的扳机构造

栓动步枪的枪机

斯普林菲尔德 M1888 步枪的铰链式闭锁闩

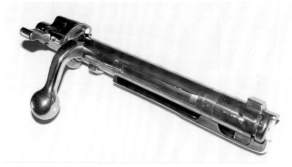

毛瑟 M1898 步枪的旋转后拉式枪机

→ 枪的后坐力是怎么产生的

　　后坐力是枪械发射时子弹壳受到火药气体的压力，从而推动枪机后坐，后坐的枪机撞击和枪托相连的机框，从而产生的力，因此理论上口径越大，撞击越猛，后坐力越强。枪械的后坐力非常关键，后坐力的大小直接决定了枪械的操作难度和使用手感。在连续发射子弹的状态下，因为枪的威力，产生了一定的反作用力，这种作用力会使持枪者持枪不稳。但是枪在设计时有缓冲机构，可以延长撞击时间，从而减小后坐力，同时，高效的枪口制退器同样可以减小后坐力（原理类似火箭向后喷气），所以，后坐力的大小虽然和口径有关，但枪械本身的结构设计对其影响更大。

　　一般来说，口径越大，后坐力也就越大，所以设计师会在枪内增加缓冲结构来降低后坐力。另外，子弹的装药量越大，枪膛里高压的气体就越多，这种在子弹冲出枪口时产生的后坐力越大，所以手枪和冲锋枪的后坐力是远远低于步枪的。

　　枪支发射时后坐力究竟有多大？例如，苏联的大口径 KPV 重机枪其后坐力甚是惊人。据称有位俄罗斯士兵在喝醉酒后使用该机枪，结果因为后坐力太大导致其肩部软组织被严重挫伤，不过幸好没有造成骨折。

　　当然枪管也是影响后坐力的一个重要因素。一般来说枪管越长，后坐力越小，但过长的枪管会影响枪支的机动性，所以很少有依靠增加枪管长度来减少后坐力的。目前，减少枪支后坐力最好的办法就是使用枪口制动器，通过侧面气孔排泄掉大量的高压气体从而达到降低后坐力的目的，枪口制动器效果还是很不错的，能抵消约 70% 的后坐力。

枪口制退器

KPV 重机枪侧方视角

→ 枪口焰是如何产生的

枪口焰是指从枪口喷出的高温火药燃气因热辐射以及与可燃混合气体燃烧而产生的可见光。

枪口焰按时间和空间的顺序可分为五种，即前期焰、初次焰、枪口辉光、中间焰和二次焰。其中初次焰、中间焰和二次焰具有一定的独立性，是消焰器抑制的主要对象。初次焰是指刚出膛口的火药燃气因热量非常大、温度非常高而辐射出的可见光。中间焰是指燃气通过激波瓶后，原来已膨胀的燃气又经过激波的压缩，压力和温度突然升高，因而产生燃烧的可见光。二次焰是指火药燃气在膛口气流区外围的紊流区，与周边空气混合后燃烧产生的强烈火光，是枪口焰中最强烈的火光。

抑制枪口焰的目的主要是避免或限制膛口火药燃气产生的激波加热和燃烧。因此消焰器的原理是首先使火药燃气在消焰器内充分膨胀，降低出口处的压力和温度，以减少初次焰。同时使火药燃气通过膨胀、收敛和分流等过程，改变火药燃气在消焰器出口的状态，破坏或减弱激波，以消除或减小与周边空气混合燃烧的影响，达到消除或减弱中间焰和二次焰的目的。

　　枪口焰主要是看火药在枪管里的燃烧程度，同样口径，使用同样的弹药，仅仅是因为枪管长度不同，枪口焰就会有明显差别。不同的枪支枪口焰并没有什么特别意义，因为同样一支枪都可以很容易地改变枪口焰特征。

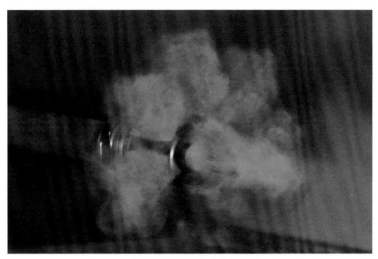

AR-15 步枪使用消焰器后发出的枪口焰

SIG SG 550 突击步枪装备的消焰器

→ 手枪射击时有哪些瞄准方式

手枪瞄准技术在于三点一线，最好用枪用望远镜，如果没有的话，手枪上一般都有三个点，由三个点瞄准物体，形成三点一线，保持枪身稳定后再发射，可以提升精准度。手枪射击瞄准技术可分为手枪慢射瞄准技术和手枪速射瞄准技术。

1. 手枪慢射瞄准技术

手枪慢射瞄准时必须选择瞄准区。瞄准区可根据自己的习惯进行选择，一般应选择在靶纸下 2 ～ 4 环之间的位置上。射击时注意保持姿势和动作的一致性，平正准星，枪支平稳，遵循自然晃动规律。做到视力回收，精力后移，"平正准星"景况清楚。

2. 手枪速射瞄准技术

手枪速射瞄准，是在运枪的过程中那一短暂的相对稳定时机完成的，其过程是眼睛盯住靶纸的瞄准位置，当射击者举枪准备射击时，平正准星，瞄准靶点，适时完成射击。瞄区的范围大小取决于运动员技术水平和枪支的稳定程度。速射瞄准的要领与慢射基本相同。不同的是速射是运动中进行瞄准，在显靶后迅速举枪，在运枪中"平正准星"并减速进入瞄准区，稍停即扣响。速射瞄准区的选择可分为以下几种：选在黑环中央；选在下 8 ～ 9 环处；选在下 5 环的下沿。

手枪射击时抛壳瞬间

警察使用手枪对目标进行射击

→ 半自动手枪的击发机构有什么特点

半自动手枪是现代主流手枪。除了和其他手枪同样有大小的分类外，半自动手枪的击发和保险机构也不止一种形式，而且很多新式半自动手枪都兼有两种机构，还有一些枪采用特创的机构。

传统半自动手枪击发方式可以分为单动、双动、单 / 双动。

单动手枪是在击锤没有处于待发位置的时候，必须先扳倒击锤，扣动扳机才能击发子弹。单动手枪的优点体现为扣扳机时直接击发，扳机力小、精度高。缺点是反应速度慢，不熟练的射手在紧急情况下很有可能会忘掉扳倒击锤，导致首发射击失误。典型的就是 TT-33 手枪，这种手枪携行必须松开击锤，出枪必须扳下击锤。

纯双动手枪是在任何时候只要打开保险、膛内有弹，扳机扣到底就会击发，扳机行程的第一段先带动击锤，使击锤处于半待击位置，第二段则是跟单动手枪的扳机形成一样，释放击锤击发子弹。优点跟单动手枪正好相反，反应速度快，在任何时候可拔枪就射。缺点是扣扳机的时候需要先放倒击锤，扣起来比较费力，所以精度会差一些。此外，很多双动手枪是隐藏式击锤，击锤不外露，这样有效地避免了形状复杂的击锤钩挂衣物装备的可能，也是优点之一。其中，具有代表性的就是 SIG P250 手枪。

单 / 双动手枪，既可以在击锤放回的时候击发，也可以在击锤被扳倒后击发。这种方式结合了单动和双动的优点，既可以先扳倒击锤提高首发精度，也可以迅速反应拔枪就射。SIG P226 手枪就是典型代表。

大部分当代枪型都可以选择用两种模式，但对于竞赛用手枪而言，为了准确，常采用纯单动模式，而自卫或警用枪型为了安全则多采用纯双动模式。

TT-33 半自动手枪

SIG P250 半自动手枪

SIG P226 半自动手枪

→ 击针平移式和击锤回转式手枪分别是怎么击发的

击针是枪械击发底火的部件，其作用是撞击子弹的底火。手枪有击锤回转式和击针平移式两种击发方式。

击锤回转式手枪的击针为被动式击针，需要击锤撞击来完成后续的击发。相比击针平移式的构造要稍复杂一些，但对加工工艺要求简单，维护保养也很方便。同时，有击锤也便于使用者观察手枪是否处于待击发状态。实际使用中，击锤经常与枪套、衣物或丛林树枝等物体发生钩挂。不少使用者认为，从衣服或包里掏枪时，一旦发生钩挂可能会导致一些安全事故。

击针平移式手枪的击针为主动式击针，例如，瓦尔特 P99 手枪就没有击锤，直接靠击针簧推动击针击发弹药。击针和枪机本身不固定在一起，两者都位于后方，击针机构一直处于待发状态。子弹发射原理是击针击发底火后点燃发射药，火药开始燃烧，弹壳内压增大，弹头脱离弹壳，被挤入线膛，开始起动。弹头在高温、高压气体作用下，迅速向前运动。

相比击锤回转式手枪，击针平移式手枪结构相对简单、重量更轻、便于隐蔽，可减少外件带来的钩挂。其握把虎口处更靠上，舒适度比击锤回转式手枪好，也可以很好地解决枪口上跳问题。缺点是击针平移式手枪存在屈服节点，所以对其材质和工艺要求更高，而且上膛后动力簧始终处于受力状态，易疲劳老化，需要定期更换，维护成本高于击锤回转式手枪。很多部队选择击锤回转式手枪是因为战场维护保养时间有限，确保可靠使用很重要。

采用击锤回转式的斯泰尔 M1909 手枪

瓦尔特 P99 手枪及配件

→ 为什么格洛克手枪没有击锤，安全系数却仍旧很高

格洛克手枪是奥地利格洛克公司研制生产的一系列自动手枪的统称。该系列手枪覆盖全球市场，有 40 多个国家的军队以及许多国家的执法单位都有列装。

从 9 毫米口径的格洛克 17 开始，格洛克公司之后陆续推出了数十种不同口径、不同战术用途的系列型号手枪。与传统手枪不同的是，格洛克手枪没有采用击锤设计，这也正是格洛克手枪独特设计思想的体现。格洛克手枪的内部保险由 3 个保险机构组成，分别是击针保险、扳机保险和防跌落保险。击针保险采用常规保险设计，其特点是只有当扳机连杆向后移动到一定距离后，才能解脱击针保险，进而释放击针，否则击针将被击针保险机构锁死，无法打击底火。扳机保险是格洛克手枪的一个特色。扳机保险位于扳机中间，呈片状结构，与扳机连杆构成一个整体部件，只有在扣压扳机时才能使之解脱所有的保险机构。而一旦手指离开扳机，手枪随即处于保险状态。防跌落保险是通过扳机连杆后端的十字架结构实现的，能防止手枪在跌落时由于猛烈的撞击造成扳机和扳机连杆在惯性作用下后移而形成击发。格洛克公司认为以上 3 个独立的保险机构已经足以应付各种突发事件可能产生的危险，因此，哪怕格洛克手枪没有击锤，安全系数却仍旧很高。

在手枪安全系统方面，格洛克公司一直不断探索。2003 年，格洛克公司公布了新型嵌入式锁定系统（ILS），这种 ILS 锁定块安置于手枪握把背部，可起到手动保险的作用。每支枪需要一把唯一的钥匙才能打开 ILS 锁定块，保险状态下手枪被锁定，既不能击发也无法分解，而且此时 ILS 锁定块微微探出握把背部，视觉和触觉上都能感受到。只有打开 ILS 锁定块后，手枪才能正常工作。这种保险其实类似于防盗装置，对于警用部门还是非常重要的。格洛克系列手枪大多数都可以选装这套锁定系统。

格洛克 17 手枪后侧方视角

格洛克 35 手枪与子弹

伊拉克警察在靶场发射格洛克手枪

→ 格洛克手枪如何从外观上辨别是第几代

格洛克手枪从 1981 年诞生，经过不断地追求卓越的创新设计，至今已经发展成为型号繁多的庞大家族，并且格洛克手枪有一到五代的叫法。

第一代格洛克手枪是在 1981 年诞生的早期量产型，当时只有格洛克 17 这一种型号。1988 年首次推出格洛克 17L 比赛型、格洛克 18 全自动型及格洛克 19 紧凑型等型号。尔后，格洛克公司在 1990 年推出格洛克 20 型、格洛克 21 型、格洛克 22 型及格洛克 23 型等其他口径型。随着 1992 年格洛克"升级套件"（包括抽壳钩、复进簧导杆、扳机连杆、击针、击针保险和击针簧组件等零部件）的推出，第一代格洛克手枪的生产就此终结。

第二代格洛克手枪握把两侧防滑纹的设计发生了变化，在握把前后增加了方格状防滑纹，以进一步减少由于手掌出汗后可能出现的打滑问题。

第三代格洛克手枪参考 HK USP 设置了导轨，握把前方增设手指槽，空仓挂机解脱钮下方增设拇指凹槽。

第四代格洛克手枪加装了不同厚度的握把后垫板，可让射手选择握把的握围尺寸，以适合不同手形的大小。此外，格洛克公司还改进了握把的表面材质，使握持更舒适。第四代格洛克手枪另一个重大改进是重新设计了复进装置并增加缓冲器，使射击时的后坐力降低，射手在速射时更容易控枪。

2017 年，格洛克公司推出了第五代格洛克手枪。根据格洛克公司的说法，第五代格洛克手枪上有 35 个新零件或改进零件，而在外观上最明显的变化是握把上的手指槽被取消。另一个变化是弹匣插入口的喇叭形扩口。以往这一特征只出现在格洛克手枪的比赛型上，而到了第五代格洛克手枪，则变成通用设计。套筒前端加工了一个斜面，这也是外观上的一个典型特征。空仓挂机解脱钮改为枪身两侧均有设置，习惯左手射击的人也可方便地用拇指操作。此外，扳机连杆、击针保险等零部件也有细微的改进。

第一代格洛克 17 手枪

第二代格洛克 17 手枪

第三代格洛克 17 手枪

第四代格洛克 17 手枪

第五代格洛克 17 手枪

⟶ 毛瑟手枪的木盒枪套有什么作用

　　毛瑟手枪刚研制成功时，半自动手枪的研制工作才刚刚起步，当时全世界还没有任何一支军队使用半自动手枪作为制式武器。为了得到一份军队合约，毛瑟兵工厂将毛瑟手枪命名为毛瑟军用手枪1896年式，希望能取得一份军方合约。然而事与愿违，直到毛瑟手枪停产，全世界也没有一个国家将毛瑟手枪作为军队的制式武器。军队不采用这款枪的原因并不是因为质量不好，而是这款枪价格太高；若是装备欧洲军队，尺寸显得过大；作为冲锋枪使用时，又不易控制枪口上跳；控制枪口上跳的操作又过于复杂，携行较难。

　　在现代手枪中，毛瑟手枪用起来并不舒适，其握把的设计，对任何人而言都不称手。这款枪最大的特点就是它的枪套是一个木盒，因此，它也被称为"盒子炮"或者"驳壳枪"。

　　毛瑟手枪的木盒枪套简称木壳，其盒盖只能向身体的外侧打开。毛瑟手枪的木壳除了装枪，还有一个功能，就是将其与枪柄结合，当枪托使用，抵肩射击。

　　毛瑟手枪的木盒枪套在多数情况下，外面还配有一个皮制挂套，皮挂套通过木壳上的一个长条形挂环固定。皮挂套是可活动的。外装了简易皮挂套的毛瑟手枪，如果采取右肩左胁的方式背挎，则枪柄朝前，很容易用右手抓握。而若采取左肩右胁的背挎方式，则枪柄朝后，也比较容易用右手抓握。不过毛瑟手枪也并不都是有皮挂套的，没有皮挂套时，枪背带可以直接系于木壳按钮背面的长形挂环之上。

毛瑟 C96 手枪及木制枪套

毛瑟 C96 手枪及枪套背面特写

毛瑟 C96 手枪、木盒枪套以及皮挂套

→ 勃朗宁大威力手枪自诞生至今有多受欢迎

在过去的 70 多年中，如果一位士兵带着一把 9 毫米手枪作为随身武器投入战斗，那么这把枪极有可能是勃朗宁大威力手枪。勃朗宁大威力手枪以其卓越的设计，至今仍影响着每一款战斗手枪，同样它也是使用最久的手枪之一。

勃朗宁大威力手枪是由美国著名枪械设计师约翰·勃朗宁设计、迪厄多内·塞弗和比利时 FN 公司改进及生产的一款半自动手枪。该枪曾经是北约成员国士兵的标准配枪之一。事实上，曾有超过 90 个国家的军队使用过这把由军械奇才约翰·勃朗宁研制的最后一款手枪。1982 年，英国与阿根廷在马尔维纳斯群岛战役中对峙时，双方都持有这款武器，并经常缴获对方的手枪和子弹。现如今这款手枪也依然保留在至少 50 个国家的军火库中。

勃朗宁大威力手枪发射 9×19 毫米弹药，这在当时的欧洲绝对属于"大威力"武器。因为当时欧洲普遍使用以 7.65×17 毫米勃朗宁弹为代表的手枪，9×19 毫米绝对是大威力弹药。该枪最具前瞻性的设计就是它的双排单进 13 发弹匣，这不仅仅增加了手枪的弹容量，还为现在所有的手枪树立了新的标准。由于采用单动发射，发射机构有一根小连杆，只有在插入弹匣时才能击发。这种弹匣保险装置，虽对扳机手感有不良的影响，却增强了安全性。

二战结束后，FN 公司逐渐恢复并开始继续生产勃朗宁大威力手枪，因为 FN 公司优秀的营销能力以及产品本身优异的性能，使勃朗宁大威力手枪在战后更为流行。

在 1991 年 9 月美国《枪与弹》杂志进行的"20 世纪十佳手枪"的评选中，勃朗宁名列第五，勃朗宁的另一传世之作——M1911 自动手枪则位居第二。

勃朗宁大威力手枪

士兵演示操作勃朗宁大威力手枪

→ 微型手枪如何拥有全尺寸枪管

　　为了便于隐蔽携行，目前的袖珍手枪通常采用截短枪管的方法来缩短全枪长度，其不可避免地牺牲了子弹威力。而美国博贝格工程公司却别出心裁，采用新式枪械结构，推出了全尺寸枪管的 XR9 袖珍手枪，成为"史上最具威力的能装入口袋内的微型手枪"。

　　XR9 袖珍自动手枪采用枪管短后坐自动原理，枪管回转闭锁方式，纯双动击锤发射机构，由 7 发单排弹匣供弹。该枪外形简洁，主要由套筒组件、套筒座组件和弹匣三大部分组成，但由于特殊的供弹方式，其内部结构要比普通自动手枪略显复杂。

　　XR9 袖珍自动手枪的套筒组件由套筒、枪管、复进簧、复进簧座、枪管座、击针等组成。套筒由整块不锈钢切削加工而成，表面光洁度较高，前后两侧均加工有防滑槽，准星和照门均采用燕尾槽的方式固定在套筒上。套筒后部设有击针座，内部装有击针、击针簧、击针销、击针保险和抽壳钩，其中在套筒末端下部还装有最重要的取弹钩、取弹钩轴等零件，用于将子弹从弹匣内向后取出。

　　套筒座组件由套筒座、分解扳手、扳机、扳机连杆、弹匣卡榫、击锤、击锤连杆、击锤簧、送弹座、送弹座杠杆等组成。套筒座用铝合金材料铣削加工而成，握把两侧有塑料制成的握把护板，用螺钉固定在套筒座上。套筒座前部还加工有一段小巧的导轨，可以安装附件，不过在体积如此之小的武器上加工这种导轨，其装饰意义要远大于实用价值。击锤为隐藏式，无外露头部，比较小巧。由于击锤需要给送弹座和取弹钩等零件让位，所以位置比较靠后，完全处于套筒座的最末端，而常规手枪的击锤只是位于套筒座后部。

　　XR9 袖珍自动手枪的枪管为圆柱形，后部有两个突榫，上方是闭锁突榫，下方是开闭锁驱动突榫，当套筒带动枪管后坐时，枪管座内的开闭锁导槽通过开闭锁驱动突榫带动枪管旋转，使闭锁突榫从套筒的闭锁槽中滑出，实现枪管开锁；反之，则使枪管闭锁。复进簧套在枪管上，对于降低套筒高度很有好处。

因为独特的供弹机构设计，该枪的射击过程也与一般手枪有很大不同：由于没有手动保险，枪弹上膛后就可直接发射。假设膛内有弹，此时击锤处于前方位置，取弹钩抓住弹匣顶部最上面的一发枪弹底缘，扣动扳机后，扳机旋转，扳机下部带动扳机连杆向后运动，通过后击锤连杆将击锤向后方压倒，击锤通过前后击锤连杆将击锤簧拉伸，储存击发能量。当击锤压到最后方时，扳机连杆与后击锤连杆脱离，击锤在击锤簧带动下击打击针，同时扳机连杆头部上升将，套筒内的击针保险顶起，解除保险状态，击针可以向前运动击发枪弹。

XR9袖珍自动手枪目前在各项性能测试中都表现良好，但是它独特的供弹结构如果长期使用，特别是缺乏保养条件下其可靠性较低，不过对于小型随身自卫武器来说，这一缺点并不十分明显，因为它们毕竟不需要连续大量发射枪弹。

XR9袖珍自动手枪及弹匣

XR9袖珍自动手枪与配备的子弹

→ MP5 系列冲锋枪为何会被 UMP 冲锋枪取代

　　德国 HK 公司生产的 MP5 系列枪械曾经是世界上最成功的警用冲锋枪，它们最大的优势在于射击精度高，射速适中，可控性好。而且在历次实战中表现都非常优异，声誉极佳。但该枪成型于 20 世纪 50 年代，很多设计也早已过时。尤其是该枪的半自由枪机滚柱闭锁原理，具体结构相当复杂，零件数量多且装配困难。

　　HK 公司后来也完全抛弃了 MP5 生产技术，在 20 世纪 90 年代开发出结构原理更简单的 UMP 系列冲锋枪，并获得了更加优秀的作战效能。无论是从生产还是使用角度来考虑，UMP 冲锋枪都更适合作为世界新型警用冲锋枪设计的参考蓝本。

　　相较于 MP5 冲锋枪，UMP 冲锋枪在换弹速度、射击操控和附件扩展能力等方面都得到大幅加强。MP5 系列冲锋枪不具备弹匣快速释放能力，其绝大多数型号都不具备空仓挂机功能。UMP 冲锋枪因为继承了 MP5 冲锋枪的弹匣锁定结构，同样也无法单手快速释放弹匣，但添加了空仓挂机功能和对应的快速释放按钮。

　　MP5 冲锋枪的实战经验证明，在执法和反恐行动中，冲锋枪的精度表现远远比火力强度重要。UMP 冲锋枪为了提升枪械的操控性能，提高连发状态下的精度，特意加装了减速机构，将射速从 MP5 冲锋枪的 800 发 / 分钟降低到 600 发 / 分钟。

　　MP5 冲锋枪由于设计年代过早，因此在设计上并没有考虑利用外加附件来扩展枪械战术性能。后来 MP5 系列冲锋枪添加瞄准镜等附件一直比较吃力，需要设计各种专用的夹具安装，不仅校正不易，而且锁定的牢固强度、定位精度等都不是很理想。

　　UMP 冲锋枪在设计时对此进行了着重考虑，机匣和护木上都为安装皮卡汀尼导轨预留了安装点，可以非常灵活方便地安装瞄准镜、战术灯等各种附件，完全不影响枪械拆卸保养。尽管目前 UMP 冲锋枪的名气不及 MP5 系列，但 UMP 冲锋枪的战术性能更出色，更符合未来发展潮流，相信经过实战的考验，UMP 冲锋枪未来在战场上必将大放异彩。

HK MP5 冲锋枪

HK UMP 冲锋枪

→ M1 加兰德步枪发射完后为何会发出"叮"的一声

M1 加兰德步枪的诞生，为步兵提供了一种非常具有战斗价值的武器，它克服了传统步枪的沉重、难以维护、弹容量小、射速慢等缺点。

M1 加兰德步枪是半自动步枪，闭锁枪机采用导气式自动原理，当发出子弹后，部分发射药燃烧后的高温气体通过枪管下的导气孔进入导气管，并推动枪机向后完成解锁及抛弹壳的动作，同时子弹上膛，枪机恢复到待击状态。这一连串的自动动作明显比同时代的手动式旋转后拉枪机快多了，因此射击的速度也得以大大提高。M1 加兰德步枪的射速最快能达到 50 发 / 分钟，远超同时代其他国家军队使用的手动式步枪。

当时，美军并没有对步兵进行过任何拆卸弹匣的训练，所以为了避免士兵不适应并减少武器的复杂程度，M1 加兰德步枪采用内置弹匣和弹夹装填两种传统设计原理。M1 加兰德步枪使用的漏式弹夹非常别具一格，不像传统步枪那样使用"桥夹"装填，每次装完都需要手动恢复。漏式弹夹带来的好处就是只需要将弹夹对准装弹口插下即可，而当弹仓里的弹药发射完时，弹簧会将弹夹弹出。因此，M1 加兰德步枪发射完后会发出"叮"的一声，这是因为 M1 加兰德步枪使用的是薄金属制漏式弹夹，弹夹和弹仓内壁摩擦产生噪声。在批量生产 M1 加兰德步枪之前，美军还曾经尝试使用过各种不同材料的弹夹，但是经过试验后发现还是金属材料最靠谱，该弹夹具有重量轻、可反复使用的特点，唯一的要求就是装弹时必须弹头朝向枪管，当装完漏式弹夹后，还需要士兵用手去推动枪机柄闭合。

由于 M1 加兰德打完后会发出"叮"的声响，极有可能让敌军洞悉到美军士兵正处于装填状态，从而趁机向装填中的美军士兵发动进攻，而这种危险的确存在，美国军方为了解决这个问题，曾经设计出经过特制的改进型 M1 加兰德漏夹，以降低漏夹弹出时发出的"叮"的响声，但这种漏夹因为种种原因最终并未被采用。

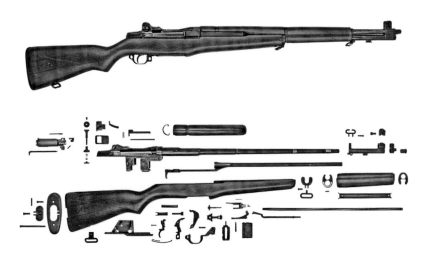

M1 加兰德步枪分解图

士兵正在使用 M1 加兰德步枪

M1 加兰德步枪以及弹夹

M1 加兰德步枪装填枪弹

→ 老式步枪的枪托和护木，都是用什么木材做的

　　老式的步枪多为手动单发，因为发射全威力弹，导致老式步枪的后坐力很大，比当今的突击步枪大不少，因此，必须采用较大的枪托分散后坐力和稳定瞄准线。枪支连续射击，枪管很快会发热，必须用一定的材料隔热的同时保护枪管。因此，老式步枪除了有枪托还必须有护木。从手感、重量和材料的耐久性、可得性来说，中等偏硬质木材是制作枪

托和护木的最好材料。现代的枪托和所谓的护木多用工程塑料和复合材料制造，但是过去基本都采用木材制作。

来复枪最早由欧洲人发明，因此西欧国家多用欧洲核桃木做枪托和护木。核桃木广泛生长在西欧，其木材硬度适中，纤维细腻且均匀，有着很强的韧性。所以核桃木制作的用品比较耐磨和耐腐蚀。老核桃木常常伴有漂亮的花纹，作为步枪和猎枪的枪托和护木也很美观。步枪出现后很快传到了美洲，美国生产的步枪和猎枪的护木和枪托，多用美洲黑胡桃或黑核桃木制作，外表同样美观高档。沙俄和苏联由于气候原因，没有西欧和美国那么多的核桃木，却有大量的寒带树种，因此多用山毛榉、白桦等做枪托和护木，品质同样不错。

由此可见，各传统的造枪大国，造枪所用的实木材质，基本和各国生产中高档家具所用的当地木材差不多。而且因为传统的军工大国多在北半球的中高纬度地区，所以多采用同样是中高纬度的中密度、耐磨不容易变形的木材，经过烘烤、脱蜡、层压、浸油等工艺制成。基本见不到什么红木、紫檀、柚木和黄花梨等用来做枪。毕竟这些高档木材多产于热带，在北方不容易获得。而且热带硬木普遍密度偏大，用来造枪虽然也很漂亮，但是重量肯定超标。

以核桃木为主要材料制作的毛瑟 Kar98k 步枪

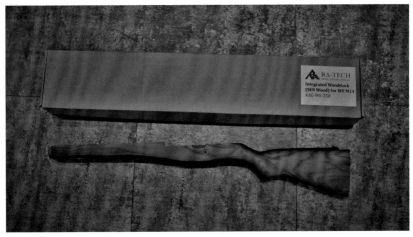

一体式木质枪托

→ 现代突击步枪为何用工程塑料代替了实木

步枪在诞生并用于实战后，除了钢材制造的枪管和枪机之外，木质材料仍然是制造步枪的主要材料。比如步枪的护木、握把、枪托等仍然用木材制造。因为步枪在历史上属于相对上档次的武器，所以很多传统的步枪制造单位都很舍得用档次比较高的木材来制作步枪附件。典型的有胡桃木、桦木或者红松等。

木材尤其是胡桃木等高端木材，其隔热性都比较好。而作为枪支，一旦连续发射，枪管和枪机就很容易迅速变热。这种热量和高温如果直接传递给持枪的射击者，那么这枪肯定就拿不住，不能继续用来打仗了。而大多数木材的导热性都不强，在一定程度上可以自然隔绝枪管和枪机在连续射击后的热传导。也正是因为木材导热性不强，所以在极地环境下也能正常使用。此外，类似胡桃木等高档木材花纹美观，持握起来手感也很好，而且强度比较高，即使长期使用也不会开裂变形。因此，直到二战前，大多数步枪的护木和枪托仍然是天然木材制造的。

二战期间，激烈的战争导致枪支弹药的消耗极大，想继续用高档实木来制造步枪的护木枪托往往导致材料供应不足，因而在苏联等枪支生产大国，开始用胶合板等材料制作护木和枪托。然而，这种胶合板的护木和枪托显然不如实木的档次和质量更可靠，使用不久就会开裂。直到二战后苏联仍然秉持大规模战争必然大规模消耗的军备思想，一如既往地大批量用胶合板制作枪托，之后又出现了金属的折叠枪托，但是使用起来都与实木枪托体验差距不小。

二战过后，西方各军工生产大国，纷纷开始用工程塑料代替原先的实木和其他材料制作枪支的附属部分。工程塑料是可做工程材料和代替金属制造机器零部件等的塑料。工程塑料具有优良的综合性能，其刚性大，蠕变小，机械强度高，耐热性好，电绝缘性好，可在较苛刻的化学、物理环境中长期使用，可替代金属和实木，作为枪支的结构材料使用。

用工程塑料制作的枪支护木和枪托，其手感和实木类似，耐热性和耐寒性都不亚于木材，而其比重相对于胡桃木等还要轻一半，对枪支的减重效果非常明显，耐腐蚀性和耐久性也不亚于木材。工程塑料还有一个巨大的优势，就是可以用模具快速地注塑批量生产，生产效率远远高于实木的批量加工。因此，当今全球的大多数一线突击步枪，枪管和枪机以外的附属部分，大多使用新型工程塑料制造。

采用木质枪托的 AK-74 突击步枪

用工程塑料制造的枪械护木

制作中的木质枪托

如何快速识别 AK-47 和 AK-74 突击步枪

　　AK-47 最初的生产型是冲压机匣的，20 世纪 40 年代末开始装备苏军，也叫第 Ⅰ 型。AK-47 突击步枪的机匣是冲压的，机匣靠近护木的地方有一块贴片。小握把是左右两片组合在一起的，中间有个螺丝钉。由于第 Ⅰ 型冲压机匣质量不好，寿命短，很早就被苏军淘汰了，随后出现的是第 Ⅱ 型，这一型用的是切削机匣，在 1952 年至 1954 年间生产。第 Ⅱ 型 AK-47 枪托和机匣之间有一段金属底座，这是第 Ⅱ 型特有的。它的小握把改为整体式的，由一个长螺钉从握把底部穿入固定在机匣上，不再是左右两片，之后的 AK 系列都采用了这种握把。AK-47 采用切削机匣，机匣侧面有长方形的铣削凹槽，这个特征第 Ⅲ 型也有。AK-47 第 Ⅲ 型枪托和机匣之间的那个金属底座没了。切削机匣，机匣侧面有长方形铣削凹槽。到第Ⅲ型为止，苏联生产的 AK-47 就定型了。1959 年，苏联推出了 AK-47 突击步枪的改进型——AKM 突击步枪。

AKM 突击步枪相对于 AK-47 突击步枪，最大的特征在于枪口的斜切枪口防跳器，其他部分并没有和 AK-47 突击步枪过于明显的区别，因此，识别起来会有一定的难度。此外，AKM 突击步枪还有一个折叠托型号的 AKMS 突击步枪，使用的是金属制折叠托，识别起来也很容易。

20 世纪 70 年代后期，苏军开始列装 AK-74 突击步枪，这是使用5.45×39 毫米小口径步枪弹的型号。AK-74 突击步枪诞生后，苏联主要采用红色玻璃钢材质弹匣，颜色上也容易区分。另外，AK-74 突击步枪弹匣外形更为平直一些，在枪口上有消焰器，而且后来的 AK-74M 枪托上有一些条纹，这也是识别特征。

AK-47 突击步枪侧方特写

AK-74 突击步枪侧方特写

AKM 突击步枪侧方特写

→ 如何理解膛线是"枪管的灵魂"

膛线又名来复线，由于其截面形状类似风车，又称风车线。膛线也被称为"枪管的灵魂"，其作用在于赋予弹头旋转的能力，使弹头在出膛之后，仍能保持既定的方向。虽然在 15 世纪就有使用膛线的记录，但是由于制造工艺比较复杂，所以直到 19 世纪才得以普及。

膛线就是枪管内部的螺旋凹凸槽，在枪管整体光滑笔直的前提下，在枪管内部形成螺旋通道，强迫弹头在整体脱离枪管的时候，在不显著降低初速度的前提下，获取足够的自旋稳定性。

多数情形下，因为弹头在弹壳上的安装精度及弹头被压力机构推入枪膛的相对位置等因素，都会造成发射后的弹头质心不可能按照枪管的理论中心轴线运动，而是会形成一个微小的偏差角度，膛线在强迫弹头高速自转以获取稳定性的同时，也会损耗弹头的一部分功能。弹头速度越快，遇到的空气阻力就越大，如果弹头在出膛时不具备足够的转动惯量，那弹体就会因阻力而发生反转，在一定的射程上产生不可接受的射击误差，甚至还不如球形弹头。

膛线没有一个确定的数目，一般常见的手枪、步枪膛线数为 4 条，狙击步枪等重视精度的枪械膛线数为 6 条，而机枪膛线数为 8 条，也有部分武器只使用两条膛线。膛线根据旋转的方向可分右旋、左旋，右旋膛线比较普遍。虽然膛线的数目没有一个既定标准，不过深度只能在固定的范围内。膛线按截面形状可分为矩形膛线、梯形膛线、弓形膛线、圆弧形膛线、多弧形膛线、多边弧形膛线等。

早期黑火药时代，因为黑火药残渣多，又使用铅弹头，所以膛线普遍比较浅，直型后来出现多种膛线。当今比较流行多弧形膛线、多边弧形膛线等优质膛线，它们可以提高武器精度和初速度，减小火药烧蚀，提高枪管寿命。总而言之，枪管、炮管的膛线都是为了使弹道更稳定。

发射后的子弹（右）表面可见膛线槽

9 毫米手枪枪管的传统膛线

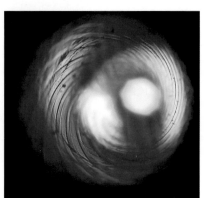

8.89 毫米口径步枪膛线

→ 多边形膛线和传统膛线有什么区别

　　早期的枪支没有膛线，射程和精确性都比较落后，所以火器没能直接替代所有热兵器。只是在膛线普及之后，枪械的性能才有了质的提升。膛线有很多种形状，如方形、梯形和多边形等。

　　枪管是一支枪最容易损坏的地方，在连续开火的时候要承受来自高温和子弹的巨大推力。虽然多边形膛线能大大提升枪管的寿命，但是多边形膛线同样也会增大和子弹接触的摩擦力，导致子弹的动能效应和导转效果远远不如一般的长方形或者梯形膛线。

导转效应是指一种保证射击精确性和射程的效应。子弹出膛时通过类似螺旋的膛线，自身能够高速旋转，从而保证子弹不到处乱飞。而保持稳定直线轨迹，可以保持较高的射程和精确性。

膛线这种技术在早期之所以很难普及，其原因之一就是膛线的制造工艺太难，导致生产枪支的成本过高。而多边形膛线在这方面就有致命的缺点，那就是它的锻造工艺过于复杂。

二战结束后，许多德国的枪械制造商还在继续推出有多边形膛线的枪械，比如 MG3 通用机枪、HK G3A3 自动步枪和著名的 PSG-1 半自动狙击步枪等。许多欧洲公司也推出了多边形膛线手枪管，使多边形膛线的设计开始变得更加多样化。

相比传统膛线而言，多边形膛线枪管结构的一致性和强度更佳，对应力集中效应的疲劳极限更高；枪膛气密性更佳，拥有更高的子弹初速度；对弹头外形的压划形变更少，拥有更高的外弹道精度；膛线磨损更轻，且有更长的枪管寿命。因为多边形膛线对弹头的接触面更大，如果使用无背甲的铅弹头，铅粉更容易涂抹囤积在膛壁上，所以增加膛壁的摩擦系数和发射时的膛压，会使理论上的炸膛风险更高。

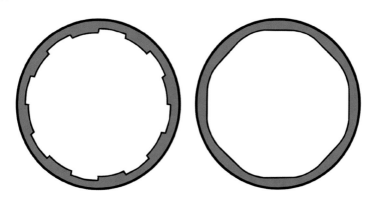

传统膛线（左）和多边形膛线（右）

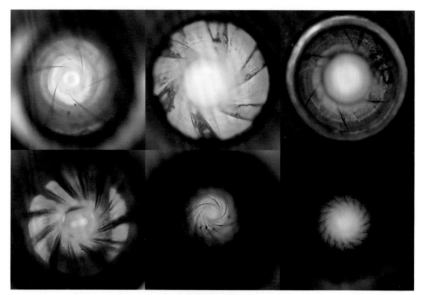

不同膛线形状

→ 枪械的膛线是怎么制造出来的

膛线最早在15世纪就已经出现，那时人们发现滑膛枪发射的子弹总是爱翻滚，弹道不稳定，而如果在枪管内刻上螺旋沟槽就可以避免这种问题。但当时的火枪都是前装枪，有来复线的枪装填反倒更困难，因此直到19世纪膛线枪械才大规模装备各国军队。

现代枪械膛线制作方法主要有以下几种。

1. 刮刀法

即用一根比手枪内径略细的钢棒，在它的特定部位挖刻一道凹槽，安装一块硬质合金钢片，钢片上有一条或两条凸出的有一定倾斜角的带状体，前端有利削部，并可调节凸起高度。在一条膛线位置上来回拉动数十次，就可切出一条阴膛线，然后调节位置，再切刮下一条。这种方法切奇数或偶数的膛线一般用单刮刀，切偶数的膛线可以用双刮刀。也可以在相对的位置安装单刮刀，双刮刀或三副刀，一次切出2～6条膛线。

2. 钩刀拉削法

采用这种方法就是把钩状切刀安置在比枪膛直径略细的钢拉杆上，钩形刮刀刃口的高度可以通过调节拉杆层部的螺丝来调节。每拉动钩形刮刀通过枪管一次，拉杆移动几微米，随着枪管的匀速旋转，拉削出一条有一定缠度的阴膛线，达到预定宽度后，再换位置拉第二条膛线。早期的线膛枪拉一条阴膛线只要拉削二十次左右，而一支较好的枪拉削同样的阴膛线要拉削一百次左右。拉的次数越多，形成的拉槽越细，越精密。

3. 组合环形刀拉削法

采用这种方法就是在一根拉杆上固定 25 ～ 30 个硬质合金钢环，每个钢环之间的距离相等，每个钢环上加工有与阴膛线数量相同的等距刮刀，每把切刀可循其缠角与下一个环上的切刀相连，从头连到尾部即可视为一条螺形线。每一个环上刀刃的凸出量略大于前一个环，形成一组系列切刀，所开的槽具有稳定的宽度、深度和间隔，这种组合环形拉削刀通过枪膛一次，则可切削出全部的阴膛线，采用这种方法可以缩短工作时间，提高产量和质量。

4. 顶锥挤压法

采用这种方法就是用一个中段截面形状与线膛内截面形状相同的硬质合金（如碳化钨）无尖弹头形顶锥，通过内径比顶锥略小的枪管光膛时，枪管金属在顶锥的强力顶压下，通过枪膛，使膛内径略有增加，顶锥外表凸出部挤过膛内壁形成变形，即阴膛线，凹入部沿枪膛并紧贴内影挤过形成的变形，即阳膛线。膛内壁由于顶锥的坚硬与平滑的表面挤过而变得更加光滑，使枪管的寿命成倍延长。这种方法最早由德国人发明，20 世纪 70 年代以后各国在生产枪管时已普遍采用。

5. 冷精锻法

冷精锻工艺是在专业精锻机上，将枪管毛坯件一次锻打出线膛和弹膛，其内膛的精度由芯轴保证。由于精锻工艺可以提高枪管的强度、射击精度，进而提高枪管的寿命，减少初速度下降，因此对提高枪械性能具有关键作用。

枪管的原材料——钢棒

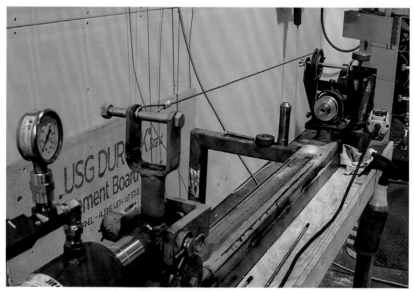

枪管准备切刮膛线

→ 狙击枪的瞄准镜和枪管不在一条直线上却能够击中目标的原因是什么

在现代战场上，狙击手在执行任务时，他们的狙击步枪瞄准镜和枪管明明不在一条直线上，却还是能够击中目标，这不免让很多人产生好奇心理，他们是怎么做到的？

为了让狙击手便于操作，狙击步枪的瞄准镜通常都采用人体工程学原理，以一定角度安装在枪管上方，这样可以避免耗费狙击手过多的精力。如果狙击手在射击时以枪管为瞄准线，其子弹的弹道轨迹就会出现很大偏差，这就会使子弹与目标间隔很远。

事实上，瞄准线确实是一条直线，但子弹在发射后的飞行轨迹却并不是一条直线，虽然子弹初速度很高，但是其射出枪管之后，速度不断下降，这时候受到地心引力的影响，子弹的弹道呈抛物线形状，因此，用枪管瞄准的地方来看子弹的落点并不准确。此时通过瞄准镜调整归零点的功能，以瞄准镜的角度和瞄准线以及子弹的抛物线形成一个交点，这个交点就是需要击中的目标。

瞄准镜最重要的作用就是将目标放大，毕竟人眼的视力是有极限的。大部分狙击步枪的有效射程都在 500 米以上，狙击手的目标一般也在 200 米以上，而这个时候可以将目标放大数倍的瞄准镜就非常好用了。

在实际的狙击活动中，一般都不会由狙击手一个人去执行任务，通常是由两名狙击手协同作战，一名观察，一名射击。在这样的情况下狙击步枪的瞄准镜其实最主要的作用就是辅助射击，其他如具体风力等因素还是需要狙击手自己去判断，这就需要较高的物理水平了。

总体来说，通过瞄准镜击中目标并不是绝对准确的，也不一定和枪管成一条直线，因为大部分时间瞄准镜也只能起到辅助射击的作用。

狙击手正在瞄准目标

狙击步枪上瞄准镜显示的目标

→ 重机枪两侧的挡板有什么作用

一战、二战时，半自动步枪还没有问世，各国军队的制式武器大多是栓动式步枪，射速很慢。除了步枪之外，还有一些国家的军队大面积装备冲锋枪，但是冲锋枪的射程很近。因此，在射速以及射程上，都具有优势的重机枪在当时很受欢迎。

以前的重机枪两侧都有两块面积较大的金属板。这两块金属板主要具有防弹的作用，因此也称防弹板。因为重机枪的杀伤力很大，在战争中，哪一方有重机枪，往往哪一方就具有压倒性的优势，所以重机枪的射手，也成为敌方重点打击的目标，为了保护重机枪射手的安全，各国开始在重机枪两侧加装防弹挡板。

以前的挡板其实和钢盔类似，它主要用来预防流弹，对于直射的子弹，防御性并不高。但是随着科技的发展，防弹挡板的防弹能力也在提升，它可以有效抵挡小口径子弹的攻击。因此，这种设计并不是摆设，关键时刻可以救射手一命。

然而，随着时代的发展，防弹板已经不多见了。因为防弹板虽然可以抵挡小口径子弹以及流弹的攻击，但是面对 12.7 毫米的子弹，并无防御能力。也就是说，现在的狙击步枪，以及大口径机枪都可以轻易将其击穿，因此它的作用已经微乎其微了。

而且现在已经见不到阵地战了，双方架起重机枪，互相扫射的场景也已经不存在了。如果重机枪长时间处在一个地方，很可能会遭到制导炸弹以及导弹的攻击。因此，现在的重机枪更强调灵活性，而装着防弹板的机枪，搬用起来也很不方便，所以现在的重机枪很少会加装防弹板。

但是现代车载机枪还保留着这种设计方式，因为车载机枪是固定在车上的，所以目标很明显，很容易被敌方击中。而且在巷战中，因为建筑物的遮挡，机枪射手根本不能留意到所有的地方，有可能会被突然出现的敌人击中。所以为了保护射手的安全，现在的车载机枪周围还会安装防弹板。

装有挡板的马克沁机枪

装有挡板的 M2 车载机枪

第 3 章
弹 药 篇

　　弹药是武器系统中的核心部分，可借助武器发射至目标区域，完成既定战斗任务。当射手要击发子弹时，会以枪械作为发射的平台，在战争中弹药更是击杀敌人或破坏敌方物资最简单的工具之一。

→ 概述

弹药是含有火药、炸药或其他装填物，爆炸后能对目标起毁伤作用或完成其他战术任务的军械物品。它包括枪弹、炮弹、手榴弹、枪榴弹、航空炸弹、火箭弹、导弹、鱼雷、深水炸弹、水雷、地雷、爆破筒、爆破药包、爆破器等，以及用于非军事目的的礼炮弹、警用弹和狩猎用弹、射击运动用弹。

弹药结构应满足使用安全性、发射性能、运动性能、终点效应、作用可靠性等方面的综合要求，一般由战斗部、投射部和稳定部等部分组成，是弹药毁伤目标或完成既定终点效应的部分。战斗部一般由壳体（弹体）、装填物和引信组成。壳体容纳装填物并连接引信。装填物是毁伤目标的能源物质或战剂，或是产生有助于最终毁伤目标的物质。常用的装填物有高能炸药、烟火药、纵火材料、预制或控制形成的杀伤穿甲元件、化学战剂、生物战剂、核装药、电磁脉冲发生器、无线电干扰器材等其他物品。引信是为了使战斗部产生最佳终点效应而适时引爆、引燃或及时抛撒其他装填物的控制装置。

古代用于防身或进攻的投石、弹子、箭等可算是弹药的最初形式。它们利用人力、畜力和其他机械动力投射，利用本身的动能击伤目标。自从黑火药在 10 世纪用于军事后，作为武器中的传火药、发射药及燃烧装药和爆炸装药，在武器发展史上发挥了划时代的作用，为弹药的发展奠定了基础。黑火药最初以药包形式置于箭头射出，或从抛石机抛出。13 世纪火药及火器经阿拉伯传至欧洲。13 世纪后半叶欧洲开始应用火药和火器于战争中。早期火器大多是滑膛型，发射的弹丸主要是碎石和箭，以后普遍采用了石质、铸铁实心球形弹，从膛口装填，依靠发射时获得的动能毁伤目标。16 世纪下半叶，出现了一种爆炸弹，由内装黑火药的空心铸铁球和一个带黑火药的竹管或木质信管构成，先点燃弹上信管，再点燃炮内火药。17 世纪出现了铁壳群子弹。17 世纪中叶发明和制得雷汞。

19 世纪，后膛武器与线膛武器的发展，促成击发火帽及击发点火方式、旋转式弹丸结构、金属壳定装式弹药结构、雷汞雷管起爆方式、无烟火药的发明和应用，以及苦味酸、TNT 炸药的发明和应用等，这是弹药最重要的发展时期。这些成就全面提高了武器系统的射程、威力和发射速度，使弹药得到进一步完善。

与此同时，随着战场上新目标的不断出现，促使弹药种类也随之不断增多。射击武器配用弹药除爆炸弹、榴霰弹、燃烧弹外，还出现了对付船舶等有一定厚度装甲防护目标的穿甲弹，在海战中已普遍使用水雷。19 世纪后半叶出现了鱼雷。

黑火药

20 世纪初，TNT 作为一种军用炸药广泛装填于各类弹药中。在一战中，随着飞机用于作战及坦克的出现，相应发展了各种航空弹药和反坦克弹药，化学弹药也用于

条状无烟火药

战场。二战期间和战后，发展了火箭弹和具有聚能效应的破甲弹。随着坦克装甲防护能力的提高，超速穿甲弹和超速脱壳穿甲弹得到了迅速发展。火箭推进技术、核装药、制导控制技术、新材料技术的应用与结合，是现代弹药技术重大发展的具体体现，使弹药的发展水平达到了一个新的高度。20 世纪 80 年代以后，新型火箭弹、新型战斗部的炮弹、制导炮弹的应用和发展，进一步提高了现代弹药的命中精度和杀伤效能。

第一种底缘底火式子弹——.22 BB 子弹

S-25 航空火箭弹

现代步枪弹

→ 如何判断子弹质量的好坏

子弹是当今各类武器弹药中应用最广、消耗最多、生产最快的一种弹药。一枚好的子弹主要取决于三大要素。

（1）四个部分有机联结。子弹通常由弹头、弹壳、发射药和底火四个部分组成。其基本流程是底火被撞击后引燃发射药，使弹壳内产生高热和高压气体，从而推动子弹经过内衬膛线的枪管，以极高的初速度旋转着射出枪口，飞向目标，最终杀伤或破坏目标。对于好子弹来说，不仅每一个组成部分都要性能优良，四个部分之间也要有序镶嵌，紧密关联，相辅相成，并形成利于杀敌的优美流线外形。

（2）形成完美的弹道轨迹。射击者在瞄准目标时，采用的是经过修正的"三点成一线"方法，眼睛与目标之间是一条笔直的线段。然而，由于重力和风速的影响，弹头不可能保持直线运动。在同样的外部条件下，影响子弹外弹道弯曲程度的内部因素主要有子弹的初速度、弹头的弹芯材料与外形特征、弹头的同轴度等。

提高初速度可使子弹飞行时间变短，弹道变得更加低伸，接近于直线，从而提高射击精度。而提高初速度最直接的方法就是增大发射药剂量或改善其燃烧质量，使高温气体增加。弹芯材料的密度越大，质量越重，冲量也越大，可使弹头飞行更加稳定，间接提高弹道低伸程度。因此，钨合金和铅的密度要比铅合金和钢芯大得多，其弹道优势更加明显。此外，弹头船形尾锥和光滑的流线外形，有助于减少空气阻力，使弹道弯曲度变小，进而提高射击精度。影响弹道轨迹的还有弹头壳、弹芯、被甲等构成部件，它们自身的厚度必须非常均匀，只有几何重心和质量重心保持在一条直线上，才会使弹头飞行时更加稳定，速度损失更小，使弹道弯曲度降低。由此可见，子弹的卓越性能与弹头的设计和制造密切相关。只有降低外弹道弯曲的程度，才能提高枪弹的射击精度，实现"让10个弹头从一个弹孔中穿过去"的完美理念。

（3）具有优良外形特征。弹头的外形特征对于克服空气阻力、保持飞行稳定、提高杀伤能力非常重要。弹头的外形通常有长头、圆头、平头、凹（空）头和箭头等几种，这些外形都与杀伤效果息息相关。长头弹的顶部略尖，射程较远，侵彻能力较强，射击精度较高。圆头弹的质量较重，停止作用较好。平头弹的质量较轻，初速度较低，停止作用较好。箭头弹的弹头呈小箭形，飞行速度快，击中目标后易变形，动能释放迅速。

采用中央式底火的 .357 马格南子弹

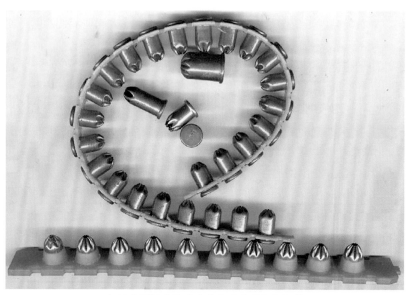

钉枪专用的凸缘式底火直壁式弹壳空包弹

→ 子弹能够保存多久

　　无论是在现代战场上还是在近代的战场上，子弹一直都是必不可少的。每年世界各国都会生产出不计其数的子弹，而每年被销毁的子弹数量更是无法估算。但无论什么东西都是有保质期的，子弹也一样。子弹的保质期和存放环境是有直接关系的。子弹生产出来以后有一部分很快被装备部队，还有一部分则会被封存起来。

　　根据不同的环境和不同的储存方法，子弹的保质期都是不一样的。从本质上来讲，长期储存弹药有两个考虑因素：一是温度，二是湿度。首先子弹不宜放在潮湿的环境下，受潮以后，不但会影响子弹的性能，还会降低子弹的寿命。如果在低于 15℃ 的较为干燥的军火库中，子弹一般能够保存 10 年左右。有一些国家为了让子弹能够保存更长的时间，会在子弹的表面涂上一层油膜，再用牛皮纸把子弹包起来。子弹经过这样处理后，再放进干燥的军火库中。这样保存子弹虽然很麻烦，但是子弹的保质期是很久的，至少可以让子弹保存 30 年以上。要是把子弹直接放在一般的房间保存，如果房间里比较干燥的话，大概可以保存两年。

　　而不同类型的子弹，其保存方式也是不同的，但可以肯定的是，子弹只要开封在一年内就必须使用，不然就失去了使用的价值，而且这种子弹很容易给士兵造成不必要的伤害。

　　子弹过了保质期再使用的话，很容易导致各种事故的发生，所以各国对于子弹的保存要求都是很严格的。一般是子弹在保存到保质期的前一段时间，就会把它拿给士兵们进行训练。过期的子弹就不能再使用了，只能把它们集中销毁。

不同枪械及子弹

手枪子弹及弹药箱

以弹链形式存放的子弹

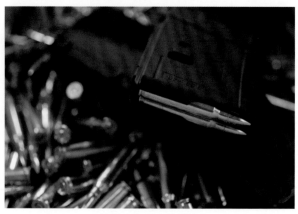

填装在弹匣中的子弹

→ 子弹一般都用什么材料制作

在当今世界各国的现代化武器装备中，子弹无疑是最基础的一种。最初子弹就是采用黄铜制作的，现在大部分国家制造的子弹也都是黄铜，并且铜制子弹是战场上使用最多的。黄铜的润滑性很好，可以大大地减少卡壳现象。

虽然铜制子弹的优势看起来更大，但其缺陷也非常明显，因为相比于钢铁而言，铜是一种更为稀有且昂贵的战略重金属，所以一旦选择使用铜作为制作子弹的原材料，那么首先需要面对的就是造价成本问题，铜的稀缺无疑会让子弹造价也变得更高。也就是说，如果大批量地生产黄铜子弹，那么子弹的价格将会变得难以承受。

其次，作为一种战略金属，铜的存量在世界上实际上是相当稀缺的，而且它们更需要被用于生产电线或其他装备，如果将大量铜都用来做子弹，那么必将面临铜材料短缺的威胁。在别无选择的情况下，有一些国家已经开始使用别的材料来制造子弹了，其中钢铁已成为制作子弹的主要原材料。

从一战开始，一些国家曾试验使用钢材作为 9 毫米子弹的弹壳。作为一种价格较低的材料，用钢材所制成的不管是弹壳还是弹体，都存在让枪械严重磨损的问题。但是使用覆铜钢或是涂漆钢的方式，就有效地克服了钢铁子弹由于自身强度过高，而导致的易卡壳、易破裂以及枪机磨损等缺陷。而且因为弹体强度更高，钢材质子弹反而比铜材质子弹具有更强大的穿透力和杀伤力。

另外，在携带同样弹药数量的前提下，使用全钢材质的弹药总质量更轻，因此在同等负重条件下，士兵完全可以携带更多子弹参加战斗，这在作战当中也会获得更多优势。

1941 年，铝制弹壳被瑞典采用，从那时开始铝作为 9 毫米子弹的弹壳被开发并沿用至今。

除了黄铜、钢铁、铝，有的国家甚至制造出了塑料壳埋头子弹。这种子弹的外壳是塑料的，而塑料外壳可以减少子弹的质量。因其外观是圆筒形的，所以把子弹排列在一起会节省很多空间。质量轻和占用空间小两种优势，可让士兵们在战场上多带一些子弹，相信在不久的将来这种子弹也会越来越多。

黄铜制子弹弹壳　　　　　　　　　　　　钢质子弹

→ 子弹口径是不是越大越好

　　子弹的诞生都是为了更有效地增强枪支的杀伤力，所以子弹口径是根据试验来确定的，不同的枪支，因其性能不一样，设计出来的子弹大小也不同。世界上的枪支种类繁多，如果按枪支口径区分，可分为小口径、中口径、大口径，一般6毫米以下称小口径，6～10毫米称中口径，11～20毫米称大口径，超过20毫米的那就叫炮了。

　　从一般意义上来说，子弹的口径越大，弹头也越大越重，所需要的发射药也越多，弹长也会越长，所以口径大的子弹也就意味着又粗又长，虽然它们之间也有全威力弹和中间威力弹的区别，但是口径就是子弹大小的主要决定要素。

　　二战前期，为了对抗轻型坦克和早期中型坦克，各国都开发了不少反坦克步枪，由此使其成为人类目前弹药体型最大的一种武器。其中，芬兰L39反坦克步枪弹药体型是最大的。L39反坦克步枪使用20×138毫米的大口径穿甲弹，是世界上较大口径的子弹之一。

　　然而，这款子弹并非是体积最大的子弹。著名的AUG突击步枪的生产商斯泰尔公司曾经展出过一款名叫斯泰尔IWS2000的狙击步枪，其所使用的是 15.2×207 毫米子弹，就大小而论，更胜 L39 反坦克步枪的大口径穿甲弹。不过，正是由于口径太过巨大，这款狙击枪自然属于反器材武器，子弹如此特殊也就不令人感到意外了。

在现代武器中也有一款 20 毫米口径的子弹，那就是南非军火公司丹尼尔集团所研发的超级狙击步枪 NTW-20 所使用的子弹。这款狙击步枪的子弹包含 20×82 毫米、14.5×114 毫米和 20×110 毫米三种，前两种子弹可以使用弹匣装填，最后一种 20 毫米子弹只能手动装填。

决定一枚弹丸致伤能力的主要因素就是它具有多少动能和它能把能量传递给人体的效率。大口径子弹，意味着需要较大的火药填充量，出膛时动能大，射程自然比小口径远，打入人体时往往造成贯穿伤，传递给人体组织的动能小，由于不能贯穿，打入人体后能量自然较小。

从枪支使用上看，大口径的枪子弹质量重，为提高子弹初速度，必须提高装药量，装药量越大，后坐力就越大，瞄准精度也会随之降低。另外，大口径子弹枪支体积大，质量重，不易携带，容易暴露。因此，子弹的口径并不是越大越好，要以使用目的决定使用子弹口径的大小。

20×138 毫米穿甲弹

L39 反坦克步枪

NTW-20 狙击步枪

斯泰尔 IWS2000 狙击步枪

→ 子弹打完后，弹壳怎么处理

弹壳是指子弹发射后剩余的部分，其功能在于附带底火并储放推进火药，同时让底火爆炸点燃推进火药。弹壳在推进火药燃烧时会因为燃烧产生的高压略膨胀将腔室剩余极小的空间填满，包括弹壳底板与枪机之间的狭缝，以及弹壳颈部与枪管融合的部位以形成气密状态，如此战斗部才能有效地射出。击发时产生的高压气体从枪管向前排出后弹壳压力减轻，因此弹壳的金属弹性会让其恢复原状并顺利抛壳。在世界上的很多军队中，都要求士兵在进行射击训练后将弹壳回收，回收的目的除了再利用之外，还有一些更重要的原因。

弹壳大部分以黄铜合金制成，也有少数种类子弹的弹壳以钢材制成。一般黄铜合金的金属弹性和延展性较佳，回收的弹壳适合进行弹药重装。不过弹壳也存在金属弹性疲乏的问题，为了安全起见，同一个弹壳不宜重装太多次。因此在重装前应该仔细检查弹壳，如果有变形或龟裂细纹出现则不应再装填。

此外，每一颗子弹发放给士兵的时候事前都要清点登记。在训练完成之后的清查工作中，回收的弹壳数量也要和发放出去的子弹以及没打完的子弹一起清查。这样做的目的就是防患未然，毕竟士兵私藏子弹和军队子弹外流都会造成不小的安全隐患。值得一提的是，刚发射完的子弹弹壳非常烫手，直接去捡可能会烫伤士兵，因此，回收弹壳要么等到弹壳冷却之后，要么就必须采用专门设计的耐高温容器来盛装弹壳。

在战场上，许多情况下也要收集和回收子弹弹壳。这是因为每个国家不同的部队所装备的步枪不一样，而不一样的步枪所发射的子弹口径、型号等都是不一样的。因此，在战时完全可以根据敌人所留下的子弹弹壳推断出敌人的数量、规模以及是什么部队等信息。这些在战争环境下都是敌我双方严格保密的信息。如果这些信息暴露，敌方完全可以推断和猜测出己方的部队调动以及战略意图，并大大加强敌方的优势。因此，许多国家都会鼓励士兵上交收集来的子弹壳。由此可见，子弹打完后回收弹壳不仅可以节省经费、资源，还可以减少安全隐患。

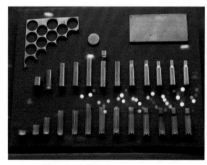

博物馆中展览的不同子弹弹壳　　　　　　黄铜合金制弹壳

→ 子弹对人体的伤害究竟有多大

　　枪械在对人体进行近距离射击时，当子弹头射入人体时，同时还有高压气流进入，气流从人体退出时会产生十字形或星芒形炸裂创口，从而使出孔面积是射入孔的二三十倍，并且对肌肉造成无法恢复的创伤，在创道上形成了永久性的空腔，这种现象就叫作空腔效应。远距离射击时，在子弹运动的过程中，因为距离远，子弹的稳定性减弱，在击中人体时会因为受到顿挫而发生翻滚，这一过程也会产生永久性的空腔。不过这种现象虽然也叫空腔效应，但与前者原理不同，前者是高压气体，后者是子弹翻滚。

　　子弹击中机体后，机体内瞬间出现的急剧胀缩的空腔现象及所产生的致伤效应被称为瞬时空腔。通常空腔呈椭圆形，在接近伤道入口和出口处，由于易受外界压力的影响，其腔体较伤道中央部位小。当空腔膨胀时，一部分能量以弹性能的形式聚积于伤道周围组织中。这种弹性能力可促使组织恢复到原来的形状。在空腔的形成过程中，开始时压力最大，随着空腔的膨胀，压力随之下降，当形成最大空腔时，压力降至最低点，即最大负压值。空腔膨胀至最大容积后，空腔壁组织就会产生弹性回缩，引起空腔迅速塌陷，此时腔内压力再次增大，使空腔再次膨胀，但幅度比第一次小，空腔经数次胀缩脉动后方能消失。在空腔的急剧扩张与收缩过程中，周围组织由于受到挤压、牵拉和震荡，就会造成不同程度的损伤。

瞬时空腔的大小和损伤范围，取决于投射物传递给身体组织的能量和组织本身的力学特性。因而，不同身体组织形成的空腔及所产生的致伤效应不同。例如，肌肉组织密度大而均匀、含水多，易于吸收能量形成较大的空腔，损伤广泛；肺组织密度小、弹性大、含气多，因而损伤较轻；脑组织含水量多、黏滞性大，易于传递能量，常造成广泛的组织碎裂，并可使颅骨骨缝开裂；胃肠等有腔脏器，在形成瞬时空腔时，不仅可造成局部损伤，还可通过其中的气体膨胀或液体传导，引起远隔部位的黏膜损伤以致穿孔。近期医学研究发现，瞬时空腔的大小与失活组织量并不直接相关，损伤的严重性很大程度上取决于受伤部位。未与投射物直接接触的软组织，其失活是压力波快速加速和压缩作用使细胞受到强烈挤压所致。瞬时空腔可使血管、肠管或含气的空腔脏器破裂。

其实，子弹本身对人的伤害很弱，只要没有伤及内脏，它对肌肉造成的伤害会因为肌肉组织的弹性作用而恢复；可高压气体会严重破坏人体组织，并且造成永久性创伤，危及生命。

手枪弹发射瞬间　　　　　　　　　被子弹击中过的头盔

→ 不同颜色的子弹都代表什么

不论性能多么先进的枪械，想要正常使用都离不开子弹。子弹大体可以分为三个部分，即弹头、弹壳和底火。子弹刚发明的时候，就是用来射击作战的。现在子弹的种类越来越复杂，子弹的用途也各不相同。为了便于区分，各国军队才在弹头的尖端涂上不同的颜色。

如果弹头涂上绿色，基本就是曳光弹。这种子弹和普通子弹性能几乎一样，只不过曳光弹尾部涂有化学发光剂。值得一提的是，美国的曳光弹通常利用镁进行弹道指示，因此显出的是亮红色。

常见的普通子弹，弹头通常是无色或者银色的。这类子弹通常由铜套包裹铅做成芯，主要用来击杀敌人。除此之外，还有弹头涂上红色的燃烧弹，它们主要用于射击敌人的油箱等易爆物，从而产生燃烧效果。至于瞬爆弹，弹头常涂成白色，它属于大口径机枪弹，主要用于对空射击。当弹头脱离枪口，未命中目标或命中障碍物时，到了一定时间，其内部也会引燃炸药爆炸。

弹头涂有黑色的子弹通常是穿甲弹。顾名思义，穿甲弹就是专门对付装甲的，它可以对装甲车甚至是坦克造成一定杀伤。

弹头涂有红紫色的子弹通常是穿甲燃烧曳光弹。这种子弹是穿甲弹、燃烧弹以及曳光弹的合体，也是集三种性能于一体的综合性子弹，主要用于打击敌人的机动装备。

由于各国的习惯不同，同一种子弹在不同的国家使用的颜色可能不同，同一种颜色代表的子弹也可能不同。有颜色的子弹大都属于特种子弹，造价也比普通子弹贵得多。如果在没有普通子弹的情况下，特种子弹也可以当作普通子弹使用，毕竟特种子弹也有杀伤效果。

用于击杀敌人的普通子弹

弹头呈绿色的曳光弹　　　　　　　　弹头呈黑色的穿甲弹

→ 米尼弹在枪械发展史的地位有多高

　　1823 年，英国第 34 团的诺顿上尉在印度南部检查土著人所用的一种吹管箭时发现尾部扩张原理，将其应用到近代火枪弹丸中，创造出极大改变战争形态的武器——圆锥形底部扩张弹。

　　1836 年，伦敦的制枪师格林尔先生改进了诺顿上尉的弹丸，在它的底部又加进了一个锥形的木栓。尽管英国的军事部门拒绝采用这两项发明，但法国人却采取了另外的态度。1849 年，法国米尼采用了格林尔发明的设计技术，生产出一种威力可怕的米尼式弹丸，也就是后来的米尼弹。

　　米尼弹解决了前装线膛枪装弹的困难以及滑膛枪射程精度太低的问题，使步枪超过火炮，成为当时战场上的决定性武器。但米尼弹有一些无法解决的问题，它只能用很软的合金如铅制造，这样弹头才易于膨胀。弹头软，击中目标后会马上变形，停止作用很好，但穿透力太弱。同样为了快速膨胀弹头以闭锁枪膛，发射药只能使用快燃火药，而发射药的发展趋势是慢速燃烧，以便弹头能在枪膛内得到长时间的均匀加速，提高初速度。

　　在前装线膛枪发明之前，各国装备的枪械均为前装滑膛枪，不存在装填不便的问题。但是当线膛枪发明之后，射手的装填便成了一个巨大的问题，由于枪管内的膛线凸起，导致枪弹装填不便，致使线膛火枪的射速和射击效率极其低下，但线膛枪良好的射击精准度使各国军队无法放弃，因而射手只好随身携带一个木槌，在装填时通过敲击推弹杆方便装填，这个巨大的不便困扰各国射手长达百余年，直到发明了米尼弹才得以解决。

军事学泰斗 T·N·杜普伊在《武器和战争的演变》一书中对米尼弹给出最高评价："在 1850—1860 年发明的来复枪和圆锥形子弹与任何先后的新武器技术发展相比都具有最深刻的直接革命性影响。当然，如果现在战场上出现战术核武器，估计会有更大的影响，但在 20 世纪出现的高爆弹、飞机、坦克对当代产生的影响肯定比不上当时的来复枪。"

保存至今的米尼弹

展览中的米尼弹

→ 士兵使用曳光弹会暴露自己的位置吗

　　曳光弹是一种装有能发光的化学药剂的炮弹或子弹，发射后会发出红色、黄色或者绿色的光。曳光弹跟其他子弹弹头不同的是弹头在飞行中会发亮，并在光源不足或黑暗环境显示出弹道，协助射手修正弹道，甚至可以联络友军，指引攻击方向与位置。部分国家对曳光弹的发射频率有规范化的要求，比如美国的作战规范中，要求每隔 5 发子弹装填 1 发曳光弹。

　　由于曳光弹是很有效的瞄准校正工具，因此使用上也相当广泛，在主力坦克还没有运用先进的射控仪器如红外线夜视仪以及激光指标器之前，往往都是透过主炮旁的同轴机枪先行对目标射击，战车长透过瞄准望远镜观察落点后修正瞄准或者使用主炮将目标摧毁。

　　曳光弹对空战也有相当重要的作用，在空战时飞行员借以曳光弹的弹道来修正机身角度或速度让弹道与敌方战机交会而击落战机。另一个好处则是协助照相枪辨认战果，是否击中敌机以及是否导致敌机燃烧或爆炸。

　　虽然在作战过程中，机枪手间隔性地发射曳光弹，曳光弹发射后会形成明显的子弹移动线路，这样势必将士兵的位置暴露出来，但是对于大规模的阵地战来说，敌方对己方的阵地位置本就是了解的，无所谓暴露与否。阵地的军事防御措施才是决定胜败的关键，而非曳光弹。若是作战规模很小，敌方很难部署高水平的定位系统，并且机枪手的移动性是很灵活的，在曳光弹发射后只要及时有效地移动，机枪手自身被精确定位的概率并不大。弹药制造商也考虑到了这个问题，并且提出一种解决方案，就是让弹药的火药减量，通过降低弹头初从而达到延迟点燃弹头易燃物质的方法，这样一来，曳光弹就会在飞离枪口一段距离后再指示弹道。

曳光弹发射后的弹道轨迹

发射曳光弹效果

→ 枪械的口径是如何确定的

最初欧洲人在发明枪支时，枪口口径一般都按照英制单位来计算，口径都以英寸为单位。在制造子弹的过程中，子弹的材料是采用钢还是采用铅，是以伤害敌军为主还是以打击军事物资为主，目的不同从而研制的子弹口径也就不同。在研制子弹的过程中需要经过反复的试验来决定子弹的弹头形状，有时一些子弹的直径相差 1 毫米，杀伤力就会相差好几倍。

枪械的口径不是直接根据枪管的内径或者是弹头直径来确定的，并且弹头的直径反而要稍大于枪械的口径。如今的枪械基本上都是线膛枪，其枪管的内壁上都有膛线，其中凸出来的线被叫作"阳线"，凹下去的则是"阴线"，而两条正对的阳线之间的直线距离，则被叫作"阳径"，而"阳径"的数值就等于该枪口径的数值。至于子弹弹头的直径，则要稍微大于枪械口径，也就是比枪管的阳径要大一点。因为只有这样才能保证弹头经过枪膛的时候，弹头外壁能够"压进"膛线面，使弹头能够自旋以及保证发射时的气密性。如果弹头的直径刚好等于甚至还小于膛线的阳径，那么发射药产生的高压燃气就会从凹进去的阴线和弹头外壁之间的缝隙泄漏出去，气密性不好，子弹的威力就会大打折扣。当子弹被击发的时候，弹头其实是从枪管内硬生生被挤出来的，而不是滑出来的，在这个过程中弹头就会和膛线互相挤压，因此，被击发过的弹头外壁上都会有很明显的膛线挤压痕迹。

在黑色粉末火药时代，子弹口径的测量更奇特，是根据子弹直径和标准黑火药（谷物颗粒）来测量的。谷物是质量的计量单位，从青铜器时代到文艺复兴时期，小麦和大麦的平均质量是质量单位法律定义的一部分。

还有一种命名方法，就是枪管内孔直径和弹壳长度表示法。例如，6.5×55 毫米瑞典子弹，意思是内孔直径为 6.5 毫米，弹壳长度为 55 毫米，而实际子弹直径为 6.71 毫米。

6.5×55 毫米瑞典子弹　　　　　　4.85×49 毫米中间型威力子弹

→ 枪械的口径大部分都不是整数的原因是什么

不同口径的弹药一般是不能通用的，多数枪械都是以其口径的大小而得名，如 7.62 毫米、5.8 毫米、5.56 毫米步枪和机枪等，并且枪械的口径大都不是整数，这其中又有什么含义呢？

英国是最早实现工业化的国家。由于最早进入工业化社会，英国掌握了工业标准的制定权。当时英国的标准不是现在的毫米，而是英寸，而 1 英寸的制定最开始指的是一节大拇指的长度，但是每个人的手大小不一样，其大拇指长度也不一样，因此这个标准显然很不适用。到了 14 世纪，英国规定 1 英寸为从大麦穗中间选择 3 粒最大的麦粒，并依次排成一行的长度。很显然这个标准规定的长度不是整数。因此，沿用英寸作为标准的话换算成毫米就不是整数了。

后来法国用自己的计量单位作为长度单位后，英制单位便失去了半壁江山。因为两种单位在换算过后仍然存在小数点的差异，所以1978 年 5 月 2 日，法国又发出了米制公约倡义，在当时得到了 17 个国家的相应。美国虽然也采用米制单位，但是由于英国的殖民历史和文化传统，英寸依旧是美国民间和枪械商的惯用单位。因此，美国枪械制造商制造出来的枪械，其口径是整数，而换算成米制单位，后面就得带上小数点了。

此外，枪械由于精度要求，口径不容易取整数，而枪械口径对武器性能又影响很大。如口径从 5 毫米增加了 20%，这时的弹头形状、质量、装药结构、弹道性能以及武器的结构都会发生很大的变化。现代武器的口径一般是经过优化设计计算得到的，如果取整数，则很难满足武器的性能要求。

一些 6.5 毫米口径步枪子弹的尺寸比较

7.62×51 毫米北约弹

9.3x74 毫米 R 子弹

→ 现代枪支的常用供弹具有哪些

如今的枪械种类越来越多，供弹具的种类也越来越多，具体种类有下述几种。

1. 弹仓

弹仓是最早出现的枪械供弹装置，它被固定在枪械上，不能从枪上取下来，装填时射手直接将子弹装进枪上的弹仓就能射击，子弹打完后必须重新装填，不能直接用备用的供弹具替换。弹仓的外观很小巧，因此子弹容量很小，装填子弹的速度也很慢，有一些弹仓在装子弹的时候，还需要专业的装弹工具，非常浪费时间，因此，弹仓逐渐被淘汰。

2. 弹匣

从二战开始，很多枪械开始使用弹匣供弹。弹匣是枪上用于存储子弹的一个匣子，通常是一个可以拆卸的小盒，有弧形弹匣和直弹匣两种，子弹在压入弹膛之前就放在里边。弹匣的主要作用是容纳子弹，并在射击时及时地将子弹托送、规正在预备进膛位置，通常由弹匣体、托弹钣、托弹簧和弹匣盖组成。

3. 弹盘

弹盘又称为平盘式弹匣，是一种类似于弹鼓的供弹具，但弹药排列方式不同，弹头指向转轴轴心，以弹簧的力量使整个弹盘旋转，从而把弹药送进枪机。弹盘的发明很好地解决了凸缘式弹壳子弹的装弹问题（比如莫辛－纳甘步枪弹）。由于子弹技术和枪械制造技术等工业技术的飞速发展，弹盘的各种类似于弹鼓的弊病就越来越明显，如重、大、兼容性差等。因此，新的供弹具就渐渐取代了它。

4. 弹筒

弹筒是一种大容量螺旋式供弹具，如今已不常见。弹筒主要用于手枪和冲锋枪，弹药以螺旋方式排列。弹筒对生产技术的要求较高，同时较难维持可靠性，装填弹药步骤相当繁复，甚至需专门工具。

5. 弹鼓

弹鼓是一种圆形的供弹具，因为类似于鼓而得名，在冲锋枪、步枪或机枪上较为常见。弹鼓最大的优势是在无须更换供弹具的前提下可以直接发射更多弹药，在全自动武器上使用可获得更持续的连射火力。相对而言，因其可以容纳更多弹药，自然有比弹匣更大的重量和体积，弹簧力度也更为强劲，部分弹鼓装填弹药时也需要专门附件。根据武器口径的不同，弹鼓的内部设计也相对不同。

6. 弹链

弹链是为机枪或各种全自动速射武器持续供弹的供弹具，可分为"可散式弹链"和"不可散式弹链"两种类型。弹链通常可存放在弹箱内，或挂于机枪侧面或底部，使装备轻型机枪、中型机枪或通用机枪的士兵作战时可携带大量弹药。

STANAG 弹匣

弹链

弹盘

弹鼓

→ 枪械为什么不全部统一使用 7.62 毫米子弹，还区分为 5.56 毫米和 9 毫米子弹

最初，子弹是由作坊中的人员手工制作出来的，所以就算同一种子弹，外形也会不一样。然而自从机械代替了手工制造，误差越来越小，子弹的质量也就稳定得多了。但是，不同国家的武器、制造子弹的机器都有差异，对于子弹的需求也不一样，所以世界上出现了多种口径的子弹。

在战场上不同型号的枪支作用不同，使用的子弹口径也就不同，如果不同的枪支配同型号子弹将大大降低枪支的效益。另外，根据不同的军事标准，军队在设计枪械和子弹种类的时候，必须考虑假想敌的情况，不让敌人轻易地使用己方子弹也在考虑之列。在战场上为了不让敌人使用缴获的己方弹药，各军事组织的制式弹药口径越来越呈现多样化。比如，同样是小口径步枪弹，北约是 5.56 毫米，华约是 5.45 毫米，而有时候即便同一种弹药也有相当大的差别。比如，北约和华约同样的 7.62 毫米弹药的弹壳长度不同，因此无法互换使用。

二战结束后，各国轻武器逐步向家族化、通用化方向发展，通过提高零件的通用率来减小后勤压力，以提升枪械在战场上的生存力。矛盾的是，经过几十年的摸索，各国非但没有推进弹药通用化，反而通过大量的基础试验研发出不同口径的多种弹

5.56×45 毫米子弹

药。尤其是近年来，新研发的弹药更是数不胜数，即使同一口径都有多种弹型。不同枪型的使用环境不同，其配套的弹药也就有着不同的口径与不同的设计取舍。

在枪械向通用化发展的同时，子弹反而向更为繁杂的体系迈进。这种发展趋势是为了满足不同用途与性能的需求，科技进步促成战争模式转变是弹药发展的基本动因。未来轻武器弹药依旧会朝向多样化发展，这种多样化又是由整个弹药体系所决定的。

9×19 毫米鲁格弹

7.62×51 毫米北约弹

→ 为什么全世界警察都喜欢选用 9 毫米子弹

在手枪弹的发展历程中，9 毫米手枪弹种类最多，其中最著名的当数 9×19 毫米鲁格弹。

德国的 9 毫米鲁格弹使用量最大、影响最广、历史最为悠久。该款子弹由德国于 20 世纪初期研制而成。原始的战斗部设计为全金属被覆战斗部，形状像削去尖端的圆锥。在 1915 年到 1916 年期间，德国的 9 毫米子弹其战斗部使用圆头的弹尖取代去尖圆锥的弹尖。不过原始的设计依然在美国销售。一战时期已经有几个国家接受了 9 毫米口径的手枪，因此 9 毫米口径子弹普及的程度也快速提高。

为了节省金属铅，在二战期间，德国使用被铅覆盖的铁核来取代全铅的弹核。这种子弹的弹头呈黑色，被称作 08mE。另一种因战争而产生的变体被称作 08SE，因为它的弹头使用高温下压缩铁粉而成的坚硬材料，因此呈暗灰色。还有一种特殊的变体，它在顶端铸有"X"形的标记，或者外壳为绿色喷漆。它是低速的次音速子弹，用来与有消音器的枪支搭配。而其他的国家也各自设计了自己的亚音速弹。

德国 9 毫米鲁格弹兼容性很好，目前，9 毫米鲁格弹被超过 70 个国家生产并使用，已是全世界手枪使用的标准弹种，并且是北约组织与大多数国家军队所使用的手枪子弹。世界名枪，如意大利的伯莱塔 92F 手枪、奥地利的格洛克 17 手枪、德国的 MP5 冲锋枪、以色列的"乌齐"冲锋枪等使用的都是 9 毫米鲁格弹。

还有一种 9 毫米手枪弹也颇受欢迎，那就是苏联的 9×18 毫米"马卡洛夫"手枪弹，这是华约各国通用的 9 毫米手枪弹，对亚、非很多国家影响非常大。该型弹是苏联于二战后研制成功并被华约国家大量采用的一款 9 毫米手枪弹，作为军用制式枪弹使用。它的弹长为 25 毫米，重约 10 克，初速度约为 310 米 / 秒。从外形来看，苏联的 9 毫米"马卡洛夫"手枪弹为圆头、平底形状，外部特征很鲜明。苏联在手枪弹的研制方面有两款经典型号，一是这款 9 毫米"马卡洛夫"手枪弹，另一款就是 7.62 毫米"托卡列夫"手枪弹。

德国 9×19 毫米鲁格弹　　　苏联 9×18 毫米 "马卡洛夫" 手枪弹

→ 手枪使用的子弹有什么特点

　　1893 年，美籍德国人 H·博查特发明了 7.65 毫米 C93 式博查特铁壳手枪弹。后来，德国人 G·鲁格成功设计了世界著名的 9 毫米鲁格手枪弹。20 世纪初，各国先后研制了 7.63 毫米毛瑟手枪弹和 11.43 毫米柯尔特自动手枪弹。二战以后，各国实现了弹药制式化、通用化。

　　手枪弹主要用于杀伤近距离有生目标，有效射程一般为 50 米，要求有足够的侵彻杀伤威力。除了冲锋枪以外，当代手枪一般不和长管枪械共用子弹。只有小部分现代步枪能够发射手枪子弹，如由冲锋枪加长枪管改造的半自动步枪、凸缘底火步枪以及手枪口径卡宾枪。反之，只有极少数单发手枪和手动手枪能够发射步枪专用的高初速度子弹。

　　手枪专用子弹虽然具有口径多、较大、发射粗短的圆头子弹，弹壳也较步枪子弹短小，初速度一般为亚音速至跨音速的特点，但能量反而较小口径步枪子弹低很多。手枪弹使用的是颗粒很小的火药发射，追求很高的表面积体积比，以促使其在短小的枪管内完全燃烧。

　　一般手枪单手很难瞄准，通常射程较理论上的子弹的有效射程近得多，普通人在承受心理压力的情况下通常只可以保证击中数米内的目标，但如果使用枪托或掩护物承托的话，可以击中数十米外的目标。

　　手枪弹在形状上可分为底部有圆边的有底缘子弹，以及底部和弹壳直径相似的无底缘或半底缘子弹。前者适合在左轮手枪上防止弹药从转轮前方漏出并减轻发射时火药气泄漏，后者主要为了防止在自动手枪上容易被退出弹壳。原则上左轮手枪可以用无底缘或半底缘子弹。而半自动手枪通常不适合使用有底缘子弹，不过也有少数例外，如"沙漠之鹰"或史密斯－韦森 M52 型手枪等。

还有少部分外观和步枪子弹相似的瓶状子弹，以发射高初速度的特制手枪子弹，适合于某些大威力的手枪或个人防卫武器使用。

柯尔特左轮手枪及其配备的子弹

格洛克 29 手枪及其使用的 10 毫米子弹

→ 发射手枪弹的一定都是手枪吗

众所周知，手枪必须配备手枪弹，但是除了手枪之外，还有一种枪同样也可发射手枪弹，那就是冲锋枪。冲锋枪属于短管枪械，手枪弹可以保证在子弹射出枪口时发射药尚未燃尽或刚好燃尽。而且手枪弹的装药量是经过严格计算和试验的，适用于使用该弹种的各种枪械。

1915 年，意大利推出维拉尔−佩罗萨 M1915 式 9 毫米双管自动枪，并将其装在三脚架上或搭载在摩托车上使用。这是世界上第一支使用手枪弹的连发武器，被公认为冲锋枪的鼻祖。

其实，在发明冲锋枪的时候，当时除了使用手枪弹以外，还有大威力的步枪弹。但如果用步枪弹作为冲锋枪的弹药，枪的质量和射击时产生的巨大的后坐力，非常不利于单兵双手握持射击，所以冲锋枪使用手枪弹也是迫不得已。

20 世纪中期，发射中等威力步枪弹的突击步枪开始出现，冲锋枪的发展因此受到很大影响。20 世纪 70 年代以后，世界各国开始普遍研制、装备小口径枪族，枪族中的短步枪可以完成冲锋枪的大部分战术使命，许多国家纷纷撤装了冲锋枪，此时冲锋枪的发展面临着严峻的挑战。甚至有专家断言：使用手枪弹的常规冲锋枪迟早要被轻型化的突击步枪所取代，冲锋枪已经完成了它的历史使命。然而，冲锋枪所担负的战术使命不可能完全由小口径突击步枪来完成。时至今日，各国军队装备的制式武器仍然包括普通冲锋枪、轻型或微型冲锋枪，以及短枪管自动步枪和个人自卫武器。在冲锋枪的未来发展计划中，冲锋枪、手枪的弹药通用化仍旧是非常重要的一点，只是在选择弹药口径方面存在着不同。

.45 ACP 自动手枪弹

.357 SIG 手枪弹

维拉尔－佩罗萨 M1915 式 9 毫米双管自动枪

发射手枪弹的 Vz. 61 蝎式冲锋枪

→ 手枪弹多是圆头而步枪弹多是尖头的原因是什么

枪弹弹头形状的设计主要取决于枪弹对目标的作用效果以及弹头飞行阻力、飞行稳定性等。子弹的杀伤力关键不在穿透力，现在的枪都有螺旋线膛，子弹发射出去就会旋转，进入人体后在组织中形成一个空腔，以达到最大杀伤，而弧形圆锥状的子弹更易旋转且不失准度。像手枪等弹头属近距射杀，弹头无须太尖就有很好的穿透力。如果是狙击步枪的子弹，那就得尖一点了，但仍是弧形圆锥状。

手枪是一种在近距离上使用的武器，其要求是在近距离内要有很强的停止作用，射程一般比其他枪械的射程短，实战中要先于敌人开枪，重创敌人，使敌人失去反抗的能力，否则会使射手直接受到致命威胁。而手枪弹主要用于近距离杀伤有生目标，有效射程一般为 50 米，因此通常采用重而钝圆的普通弹头，以加大动能和能量的传递能力，增大致伤效应。一般来说，圆头子弹侵入目标所受的阻力要比尖头子弹大，对敌方造成的伤害也更大。而步枪、冲锋枪、机枪因为射程远，在很远的距离上就可以射击，因此射手可以躲避。

尖头枪弹多用于步枪或小口径手枪。因为手枪口径小，虽然初速度高，但因为弹头质量小，导致枪口动能比较小，如果再使用圆头结构，近距离上威力就远达不到要求。所以在小口径手枪上采用尖头的结构，可以增大弹头的长径比，当弹头进入人体后，由于阻力骤然增大，弹头就会在目标内翻滚，从而提高杀伤力。

步枪子弹采用尖头是为了提高存速能力，保证远距杀伤力。其弹头设计多为尖头，弹头越尖，飞行阻力越小，且有利于击穿目标。有些步枪发射的平头挤压式燃烧弹采用平头是为了增大弹头撞击目标时的阻力，靠惯性挤压使燃烧剂燃烧。

7.62×25 毫米"托卡列夫"手枪弹

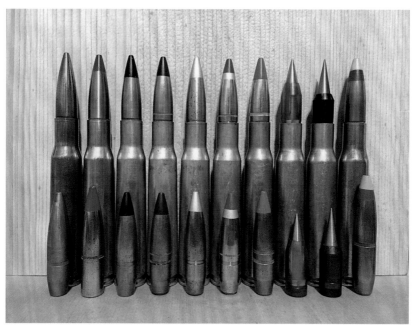

12.7×99 毫米系列步枪弹

→ 自动步枪的弹匣容量普遍是 30 发的原因是什么

现今全球各个国家军队中所使用的制式步枪的弹匣容量几乎都是 30 发。按照枪械工程学和人机工效理论来说，以前北约组织和华约组织的军事机构，对全自动突击步枪和卡宾枪以及冲锋枪弹匣在 30 发容弹量的可行性，和最大最满意的使用度方面进行了深入研究和论证，甚至经过实战检验。二战时期，德军装备的 STG44 突击步枪是全球率先装备军队的一款步冲合一的自动步枪，发射中间威力步枪弹，该枪就装备有一个 30 发的弯弹匣，从而深刻影响了战后 AK-47 等著名自动步枪的研发和装备，使 STG44 也终成一代名枪。突击步枪配备 30 发弹药容量对于持续性火力的维持要优于 40 发弹容量弹匣，其主要有以下几个关键原因。

（1）步枪弹匣容量普遍采用 30 发是为了达到整体上的平衡，中和人体卧射高度及弹匣弯曲度方面的问题，以达到最佳射击状态。步枪质量轻、移动便捷，30 发的弹匣加上小组作战可以做到精确连续的攻击。

（2）在打防守反击战或者阵地战或者阻击战时，如果弹匣过长，给士兵带来的危险是在使用枪支射击时，瞄准基线由于弹匣加长而增高，士兵在持枪瞄准的同时也会暴露本该隐藏得住的头脖部位，给敌方提供了射击命中的机会。

（3）增加了枪身的质量和枪身横向的宽度，在巷战和城市作战或者是丛林作战中增加了使用难度。

（4）弹容量超过了 40 ～ 50 发，持枪射击时由于弹匣供弹不顺容易出现卡壳和其他故障，这在实战中是相当要命的。

（5）对于计算出发带多少基数的弹药，30 发弹匣更容易换算，而且加长版弹匣就算插在弹匣袋也是极其不方便的。

30 发弹匣是各国弹匣标准化的一个公认的标准。早年北约与华约两大组织一经规定，其他成员国就都照样采用了。不过也有 25 发、35 发的弹匣，以色列就装备了这种容量的弹匣。机枪一般配备 100 发的弹鼓，可以由副手帮助携带弹匣。

30 发 STANAG 弹匣

装填 5.56×45 毫米子弹的弹匣特写

分解后的 STG44 突击步枪

→ 现代步枪更偏向使用小口径是什么原因

　　单兵武器的小口径化是 20 世纪轻武器发展的重大成就之一。小口径武器弹药系统的出现、发展，既是现代战场环境以及单兵作战模式改变所导致的结果，反过来又对这两者的变化起到了推波助澜的作用。其最直接的结果就是现代军用小口径步枪弹的广泛应用使突击步枪的装备变得更加普及，并在相关领域中一统天下。

20 世纪 60 年代，美国人装备了 M16 突击步枪，替代不再适应战场变化的 M14 步枪。与苏联 AK-47 步枪不同，M16 使用的是 5.56×45 毫米小口径弹药，开启了小口径突击步枪的先河。

创伤弹道学的深入发展，使人们对子弹在人体内的运动和杀伤规律有了更系统的认知。小口径弹药产生的后坐力小，弹头初速度快、精度高。尽管射程不比中口径弹药，却仍能满足射手在作战范围内所需的杀伤力。

除了射程、精度方面的优势，小口径弹药的停止作用也优于中口径弹药。小口径弹药在人体内形成的空腔对组织器官造成的创伤是无法恢复的，可以扰乱被击中者身体内部循环系统的正常运作，使目标中弹后立即丧失行动能力，甚至直接毙命。相比之下，中口径弹药造成的大多是贯穿性伤害，杀伤效果远不及小口径弹药。

随着时间的推移，小口径步枪在世界范围内被广泛装备使用，主要有北约的 5.56 毫米弹药和俄罗斯的 5.45 毫米弹药。由于两个国家潜在作战环境不同，因此，小口径弹药在设计上也存在着不同的性能权衡与设计取舍。

根据需求，小口径弹药不断被优化改良，这些改进主要体现在子弹的材质、子弹的外形与发射药方面。例如，优化弹头的外形与重心位置；弹尖与弹芯使用不同的金属材料；换用效能更高的发射药，从而增加弹头的射程与飞行过程中的稳定性等。更重要的是，可以在保持良好停止作用下增强弹头的侵彻力。如今小口径弹药技术更加成熟，而小口径步枪也成为各国军队的主流装备。

5.45×39 毫米子弹

5.56×45 毫米子弹

M16 突击步枪正反面特写

→ 枪榴弹发射器可发射的子弹有哪些

枪榴弹是一种填补手榴弹与迫击炮射程间隔的步兵小型爆炸武器，装备枪榴弹发射器的步兵可以通过装在其步枪枪口处的枪榴弹发射器发射超口径的枪榴弹。枪榴弹体积小，操作容易，能使步枪做到点面结合、杀伤破甲一体化，提高了步兵的独立作战能力，特别适用于山地战、丛林作战和城市巷战。

枪榴弹的枪弹详细可分为以下几种。

（1）带触发引信AZ5071，定时引信的爆破杀伤枪榴弹"远程型"。该型爆破榴弹的射程最远可以达到 500 米。它采用比普通枪榴弹更高质量的材料，推进用空包弹的装药也增加到 1.5 克。也有部分该型爆破榴弹不采用延时引爆方式，没有安装定时引信，而仅使用常规触发引信。

（2）带触发引信 AZ5097 的爆破杀伤枪榴弹"远程型"。这种"远程型"枪射爆破榴弹采用了改进型的触发引信，这种引信可以在不同的撞击角度下被引发，因此也可用于曲射。

（3）爆破杀伤枪榴弹训练弹。该型榴弹多用于训练射击。这种榴弹发射后会发烟，方便观察弹道以及命中情况。

（4）反装甲枪榴弹 30。该型榴弹多用于攻击各类装甲目标。但是这种型号的反装甲枪榴弹并没有被大量装备，因为它的穿甲能力很弱。它很快就被更重量级的反装甲枪榴弹所取代。反装甲枪榴弹与爆破榴弹的区别在它的外形，反装甲枪榴弹为细长圆柱形。主杆由轻金属制成，质量为 245 克。推进用空包弹装药 1.1 克。

（5）重型反装甲枪榴弹 40。这种更重型的反装甲榴弹将其爆炸能量集中在所命中目标的前部。它的穿甲能力在有效射程内以 6°角命中可穿透 80 毫米装甲。它的命中率随着距离的增加而明显降低，其最佳攻击距离大约为 100 米（固定装甲目标）和 75 米（运动装甲目标）。

（6）S.S. 反装甲枪榴弹 46。该型反装甲榴弹采用空心装药，因此穿甲能力可达 90 毫米。它长 195 毫米，直径为 46 毫米，弹重 440 克。

（7）S.S. 反装甲枪榴弹 61。该型反装甲榴弹同样采用空心装药，穿甲能力达到 120 毫米，它长 238 毫米，直径为 61 毫米，弹重 530 克。

（8）重型反装甲枪榴弹训练弹。该型榴弹结构和爆破榴弹训练弹相近，但是它没有发烟引信，也没有装药，弹头为红色。

（9）闪光榴弹 42。该型榴弹弹体为片状，为了稳定飞行状态而套上了外壳。在弹体内部安装有一个螺旋形接口，方便作为枪榴弹使用。弹的片状弹体内装有化学液体，通过触发引信的作用发生化学反应，可以用于特定的战术目的。

（10）烟雾榴弹 42。该型榴弹多用于紧急情况下的自我掩护，例如在撤退时。构造和闪光榴弹相近。

（11）伞降照明榴弹。该型榴弹多用于大约 650 米远的目标照明。照明持续时间为 28 秒左右，照明区域直径可达 400 米。

配备枪榴弹发射器的斯泰尔 AUG 突击步枪

配装 M320 枪榴弹发射器的 M4 卡宾枪

→ 穿防弹衣真的管用吗

士兵在冲锋陷阵的时候，往往会穿戴防弹衣，希望通过这样的方式减少伤亡。那么防弹衣是否真的如传说的那般神奇呢？

防弹衣可分为不同的种类以及防护级别，相互之间防弹能力有很大差距。根据防弹衣的材料、结构以及种类，可以将其划分为 5 ~ 6 个级别，低等级的防弹衣只能对小口径的手枪弹起到防御作用，而高等级防弹衣一般为复合式防弹衣，威力较强的步枪弹也可以抵挡。

常见的防弹衣由两部分组成，一部分是织物马甲，另一部分则是一块钢板。防弹衣的外衬上缝有口袋，可以将钢板插入其中。这样做的好处是如果敌人火力强劲，警方可以将更厚的钢板插入防弹衣外衬，从而提升防弹衣防弹效果。当然防弹衣不仅可以装钢板，还可以装凯夫拉材质的衬板，这种衬板既轻便，防弹效果又好。然而，并不是穿上防弹衣就能抵御一切子弹。事实上，穿上防弹衣被子弹命中丧命的人也很多。首先子弹强大的动能，让它在命中钢板后，子弹冲击波会透过钢板冲击人体。强大的冲击波虽然不会将人的骨骼震断，但可以让人柔软的内脏受伤。内脏大面积出血，往往比打断骨骼更加可怕。因为内脏出血点非常多，即便能第一时间抢救，也会因为无法找到全部出血点而导致人死亡。所以很多人穿了防弹衣后，往往还要在防弹衣内衬一件棉质背心，这样做的目的就是减弱子弹的冲击力。

此外，穿防弹衣还要注意两件事。

第一防弹衣不是万能的，不是什么口径的子弹都能抵御。事实上，防弹衣对 7.62 毫米及以下子弹有不错的防御力，但对 7.62 毫米以上子弹防御效果就要弱很多。比如 12.7 毫米的反器材步枪，这种武器装甲车侧装甲都能打穿，更别说防弹衣了。

第二，防弹衣只能保护关键部位，比如人的心脏、肝脏、肾脏等，事实上防弹衣对躯干、脖子是无法保护的，尤其是关节部分，防弹衣根本无法防御。这主要是因为关节需要不断活动，如果被防弹衣包裹起来，势必影响人的移动，反而让人变成了活靶子。

因此，防弹衣的防弹效果需要满足很多前提条件，第一是枪械口径较小，第二要添加比较厚的内衬，第三则要保护好自己的躯干。

海军陆战队使用的模组化战术背心（包括防弹钢板）

海军陆战队士兵装备防弹背心

→ 现代警察使用的盾牌真的可以防弹吗

　　战争的形式随着时代的发展而不断变化，但是战争中最基本的两种手段却从未被改变，那就是攻击和防守。一般来说，攻击的提升空间较大，而且主动性较强，军队都喜欢在提升攻击力上下功夫。早在冷兵器时代，就出现了刀、剑、弓箭等攻击性武器，相应地也出现了盾牌用来抵挡冷兵器的伤害。到了现代，各种枪械以及大威力武器大行其道，同样催生了各种防护装备，而盾牌则从抵挡冷兵器的攻击变成了抵挡子弹的攻击。

　　一般级别低的盾牌就可以基本上抵挡手枪级别弹药的攻击，而防弹级别高的盾牌则可以抵挡 7.62 毫米钢芯弹的中、近距离攻击。因为其大量使用了如碳化硼、凯夫拉、陶瓷板等防弹级别很高的材料，而其中的碳化硼则被大量用在坦克以及其他装甲载具上，但是防护还是有限的。

　　由于特种部队面对的威胁非常大又经常参加巷战，因此，他们的盾牌需要具备高等级防弹标准，有的会用钢制金属来制成，因为采用金属质量上肯定会更加沉重，这类防弹盾牌轻型的质量基本也都在 25 千克以上，单人携带勉强能承受，而重型防弹盾牌则无法依靠单人的力量使用。因此，这些防弹盾牌需要加装滑轮才方便特种部队人员携带行动。在一些不方便使用轮式防弹盾牌的地方，则会使用较轻型的便携式防弹盾牌。

警察使用防弹盾牌执行任务

警察使用防弹盾牌进行射击训练

→ 加特林机枪 1 分钟能发射多少发子弹

1861 年夏天，理查德·乔丹·加特林开始设计研制转管机枪，用于连贯射击，这款转管机枪的设计特点包括了两点转管机枪所共有的设计特点声明：一个提供锁膛的内有击针的圆柱旋转体，与枪管一起旋转，每根枪管都有独立的击针，这使以后所有与加特林机枪相似的设计都不能再获得此项专利。

1862 型加特林转管机枪有两种不同的结构。第一种使用的是独立的钢制弹膛（弹膛与枪管分离），它的尾部封闭并装有撞击火帽。射手通过摇动曲柄带动沿圆周均匀排列的枪管旋转，装满弹药的弹膛从供弹料斗中进入每根枪管后面的闭锁槽中。当枪管转到某个特定位置时，击针将弹药击发。而枪管转动到另一位置时，射击后的弹膛就会退出枪机。弹膛可以重复使用，枪管旋转一周可完成 6 发弹药的装填、击发和退弹，射速达 200 发 / 分。但是该款枪存在火药燃气泄漏等缺点，这主要是因为当时使用最多的是纸壳枪弹，金属弹壳尚未普及。

为了解决这一难题，加特林使用了当时开发的独立金属弹壳弹药。这种弹药结构被后来所有机枪的设计者沿用。另一种结构使用的是铜制弹壳边缘发火式弹药。在克服如何使独立的弹膛与枪膛同轴这一难题上，加特林使用了锥形枪膛，枪膛后部直径更大，使弹丸进入枪管更加容易。因而在 19 世纪末期，该款枪成为欧洲各国控制并扩张殖民地的重要武器。经过改进后的加特林机枪射速最高曾达到 1200 发 / 分钟，这在 1882 年是个惊人的数字。但它最大的弱点是，射手在战场上由于敌军冲锋过程中与自己的距离不断拉近，导致情绪激动把手柄转动得越来越快，造成机枪过热卡壳或炸膛。

后来的加特林机枪经过不断的改良，已经不是以前的手摇驱动，而是用电动机或液压驱动，射速可以达到 6000 ～ 10000 发 / 分钟。现在加特林主要装载在航空战机上，因为它太过于沉重，普通的士兵运载移动十分不方便。还有就是它的弹药消耗量太大，战斗机高速移动，又需要精准地打击目标，用这种数量来弥补速度导致的精准度降低，搭载这种高频率的射击武器是再合适不过了。

1865 年的加特林机枪

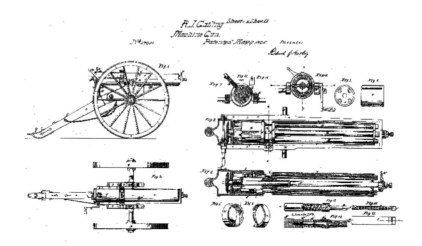

加特林机枪设计图

美西战争期间的加特林机枪

第 4 章
枪械运作篇

作为一种单兵使用的武器，枪械的杀伤能力足以满足现代战场的作战需求，而如警用手枪、防暴枪械等还要刻意降低威力，以避免杀伤无辜。因此，近年来枪械的发展重点集中在重量、操作性、功能性等辅助指标上。

→ 概述

近代枪械多半是指开始淘汰冷兵器的 19 世纪的枪械，有别于早期和冷兵器并用时代的枪械。其原理和构造开始接近现代，但并未达到现代的技术水平。只不过近代枪械开始进入大量生产阶段，可以被制式化了。

在 19 世纪中期的多场战争中，近代枪械的雏形首次发挥出压倒性的优势，将战争从以往的前装滑膛枪和刀、矛、弓箭等冷兵器并用的模式彻底改变，洋枪洋炮完全颠覆了战争的模式，引起了各国争相开发和购置新式枪械。

1824 年，德国著名枪匠约翰·尼古拉斯·德莱赛开始研发击针枪。经多次试验在 1836 年完成后膛栓式装填枪栓的设计，并于 1841 年装备普鲁士军队，该枪也被认为是现代步枪的雏形。弹药从枪管后端装入针击发发火，并设有铜制的底火能在发射时紧贴枪膛而密封多余的火药气体，首创旋转后拉式枪机，彻底解决了后膛枪和定装弹的危险问题，射速从上代步枪的每分钟两三发上升到每分钟近 10 ～ 12 发。该枪于 1866 年的普奥战争和 1870 年的普法战争中大发神威，使奥军伤亡数字为普军的 5 ～ 6 倍，法军伤亡超过普军 10 倍；普鲁士军中的德莱赛针发枪直到 1872 年才被毛瑟 M1871 取代。

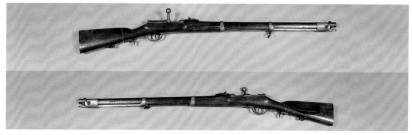

德莱赛针发枪

英国人博蒙特和亚当斯于 1855 年发明了双动扳机的博蒙特—亚当斯左轮手枪，可单手直接在扣动扳机时完成压击锤和击发子弹，从此使用左轮手枪时，不需再一手压击锤一手扣扳机了。

1857 年，法国人安东尼·阿方索·夏塞波设计出使用纸壳定装弹的夏塞波步枪。在 1870—1871 年的普法战争中，法军来不及全面换装新枪，对新枪战术适应和训练也不足，是其失败原因之一，阵亡人数达 10 多万，超过普军 10 倍，震惊世界并引发各国全力投入资源革新枪械和探索新枪械的战术和训练方式。

夏塞波步枪

　美国的亨利和斯宾塞于 1861 年各自发明了两款摇杆式的多发栓式步枪，虽然这两款枪对于弹型和射姿限制较大，可射速比德莱赛枪更快、更安全，每分钟可达 20 多发。

　1864 年，普丹战争爆发，加速了英国装备定装弹后装枪的进程。1865 年 3 月英国决定以美国人雅各布·施奈德的方案将恩菲尔德 P1853 式前装线膛枪改装为后装枪，将靠近击锤的枪管切开，装上可向右翻转 180°附击针的盖帽结构，击锤只需稍微加工改变外形即可继续使用，这款枪被称为施奈德—恩菲尔德步枪。

亨利多发栓式步枪

施奈德—恩菲尔德步枪

1865 年，英国人梅特福利用早年很多人研究过的膛线设计和刻制技术，终于奠定了现代来复枪的原型。从此，所有新型枪械几乎都刻有膛线，与此同时还诞生了专用发射霰弹的现代霰弹枪。

1871 年英国换装马提尼—亨利步枪并使用到 1888 年，此枪为使用金属弹壳的单发式步枪，运用了由亨利 O·皮博迪设计的升降式枪机，并由瑞士人弗里德里希·冯·马提尼负责改良，而其膛线以及枪管则由苏格兰人亚历山大·亨利设计。此枪经历过残酷血腥的祖鲁战争的洗礼，且首先采用了金属瓶状弹壳设计方式，装药量远较传统直筒弹壳多，因可以射穿祖鲁战士的牛皮盾牌而威名大震。

德国毛瑟兵工厂在 1871 年发明了不受射姿和弹型限制的旋转后拉式枪机的毛瑟 M1871 式步枪，其解决了德莱赛步枪和摇杆式步枪的设计问题而广被采用。自此带弹仓的步枪才普遍被采用，而毛瑟步枪也由此闻名世界。

→ 枪械的枪口动能是怎么产生的

枪口动能是指弹头射出枪口瞬时所具有的动能。这种动能一般可通过公式——枪弹的枪口动能等于子弹质量与出膛速度平方的乘积的一半，即 $E=\frac{1}{2}mv^2$ 计算得到，式中，m 为弹头质量，v 为弹头射出枪口时的速度。其中，质量单位为千克，速度单位为米 / 秒。

枪口动能与弹头质量和速度的平方成正比。如果口径增加，弹头的质量就必须增加，以有利于枪口动能的增加；口径增加，枪弹的药室容积也必须增加，以多装发射药，从而枪口动能也就增加了。此外，枪管的结构（枪管长度、膛线结构、导程）、尺寸、加工误差，弹膛表面粗糙度、润滑条件，枪弹弹头的尺寸、结构、加工误差，装药结构等，也会对枪口动能产生一定的影响。

枪口动能与枪的口径大小有一定的关系，但不是必然关系。只能说，枪的口径越大，枪口动能越容易增加；反之，枪的口径越小，枪口动能越不容易增加。其实，枪口动能的大小还主要体现在弹药性能上。现在武器的口径比黑火药时代减小了很多，而枪口动能、武器性能却提高了很多，这主要是因为火药及其相关技术的发展，使枪弹初速度提高很多的缘故。

很多枪弹口径大小相近，但由于枪弹结构、装药结构及装药量的差异，枪口动能相差很大。如苏联 9×18 毫米马卡洛夫手枪弹与 9×19 毫米巴拉贝鲁姆手枪弹，两种枪弹的口径看似相差无几，然而，前者的枪口动能为 348 焦耳，后者的枪口动能为 584 焦耳，后者比前者大约 0.68 倍。

子弹射出瞬间

机枪在夜间发射瞬间

→ 空仓挂机有什么优点

　　空仓挂机不是自动武器的专利，早在栓动步枪开始使用垂直供弹的盒式弹仓时就已经出现了。虽然在缓慢射击时射手可以利用上膛的间隙观察膛内余弹，但是在近距离急促射击时，显然有挂机提示就方便多了。

　　自动手枪几乎都有空仓自动挂机功能，在单排弹匣时期，手枪弹匣容量非常有限，但射速很快，实际的交战距离又非常近，有挂机提示非常关键。对于自动步枪或冲锋枪（闭膛待击）来说，挂机功能同样有很显著的提示作用。即使两者一般在射击时并不像自动手枪那样能明显观察出枪机运动，但枪机的往复碰撞和重心变化是可以通过抵肩和贴腮部位感受出来的，尤其是在半自动射击的时候。就算因为战斗激烈没有感受到枪机的停止，弹膛检查的步骤也会变得更加简单——在扳机没有响应后，只要侧过机匣看一眼就能判断出武器停射的原因是弹膛射空，还是机械、弹药问题引起的故障或哑火，没有必要再拉开枪膛进一步观察，直接就可以进行相应处理。

　　空仓挂机也不会使武器的基本射击操作复杂化。即使有专门挂机释放机构的武器，正常情况下也照样可以通过后拉枪机来释放挂机，只要挂机阻铁失去了与枪机相抵的压力，就会随重力自动复位。而对于没有专门的释放装置，必须靠操作枪机释放的挂机机构来说，释放挂机所需要的时间比完整上膛操作仍然少很多，力量小很多，实际上还是多少对装填动作有所简化。

空仓挂机状态的 SIG P226 半自动手枪

空仓挂机状态的 M9 半自动手枪

→ 撞火枪托的运作原理是什么

撞火枪托是一个用于将半自动步枪改装为类似于全自动步枪，以便连续发射子弹的装置。

半自动步枪如果没有经过改装，射手每次以手指扣动扳机发射子弹时，虽然步枪在自由枪机下会自动抛壳并将下一发子弹上膛，但半自动步枪需要射手松开扳机后，再次扣动扳机才能发射下一发子弹，所以半自动步枪每次扣动扳机只能发射一发子弹，而不能像全自动步枪可发射一串子弹。

半自动步枪加装撞火枪托后，射手每次以手指扣动扳机发射首发子弹时，步枪在自由枪机下可以自动抛壳并将下一发子弹上膛，原本半自动步枪的射手必须松开扳机后再次扣动扳机才能发射下一发子弹，但加装撞火枪托的半自动步枪在进行抛壳及上膛的同时，步枪的枪身在后坐力的作用下会向撞火枪托的底部滑动，因为撞火枪托的握把可稳定枪手手指的位置，所以连接枪身的扳机在后移时会与射手的手指松开。由于射手的肩部支撑着枪托的位置，枪身往后滑动时会压缩撞火枪托内的弹簧，当后坐力减退后弹簧便会将枪身推回前方，连带将枪支的扳机推向正扣着扳机的手指，令扳机再次受到手指的扣压，下一发子弹因此被激发射出，由此枪支进入下一次射击循环，并使枪身继续往复运动及发射子弹，射速可达每分钟 400 ～ 800 发。

撞火枪托利用每次激发子弹后使枪身后移的后坐力，令扳机在短时间内能够与射手的手指分开，然后立即以弹簧将扳机推回射手的手指，在无须改动枪支内部机械结构的前提下突破单发射击的限制，使半自动步枪都能如同全自动步枪一样连续射击。

撞火枪托

采用不同枪托的儒格 Mini-14 步枪

→ 如何评价半自由枪机原理不能成为主流

半自由枪机原理形制多种多样，本质还是"自由枪机"——即枪机不通过导气装置、枪管后坐装置带动开锁，而是直接被膛压冲开。只不过比起纯自由枪机原理，半自由枪机使用某些机构延迟枪机后坐，所以开锁时机比自由枪机原理要晚，能一定程度上弥补自由枪机原理不能发射大威力枪弹的缺陷，而且这些方案绕过了更复杂的导气式、管退式、刚性闭锁设计，属于走技术捷径。

半自由枪机原理看似走了技术捷径，但无论是哪种枪机延迟方式，与导气式、管退式自动武器相比，枪机开锁时机还是偏早，开锁后坐速度还是偏高，虽然不至于像自由枪机原理发射大威力枪弹那样炸壳，但膛压过高导致弹壳贴膛（因为膛压高，弹壳向外膨胀紧贴弹膛内壁）的问题还是很突出，抽壳阻力明显加大，容易产生拉断弹壳的故障。为了解决这个问题，只能想办法减小抽壳阻力。常用的方法是在枪膛内注油，比如施瓦茨洛泽机枪，其机匣内有一油壶，当枪弹被枪机推进枪膛的时候，油壶会自动朝枪膛内注入一点儿润滑油，这样抽壳的时候弹壳和枪膛内壁之间有一层油膜，阻力就会小一些。

现代自动武器如果采用半自由枪机原理，减小抽壳阻力往往采用"气体润滑"的方式，也就是在弹膛内开纵槽，枪弹击发后一部分火药燃气进入这些纵槽，在弹壳和弹膛内壁之间形成一层气垫，不让膨胀的弹壳紧贴弹膛内壁。弹膛内壁开槽虽然解决了抽壳阻力大的问题，但增加了弹膛加工复杂度，射击时火药燃气还会顺着纵槽喷入机匣，烧灼污损枪机，因此清理保养难度较大。

采用半自由枪机原理的 HK G3 步枪

施瓦茨洛泽机枪

→ 在枪械研发历史上，曾经用过的半自由枪机原理有哪些

半自由枪机原理的实质和自由枪机原理近似，是用膛压直接强力顶开枪机，但与自由枪机原理不同的是，它通过一些装置给枪机后坐增加阻力，达到延迟枪机后坐的目的，使枪机在膛压下降后开锁抽壳。在枪械研发历史上，出现过以下几种半自由枪机原理。

1. 滚柱延迟

滚柱延迟是半自由枪机原理中最著名的一种，德国 HK 公司的诸多枪械都采用这种原理。滚柱延迟的核心是用一对对称的滚柱给枪机后退增加阻力，当枪机推弹上膛闭锁到位时，枪机两侧的滚柱被撑开，卡入枪管节套两侧的凹槽里；枪弹击发时，膛压顶着枪机往后退，由于两个滚柱的存在，枪机后坐有阻力，只能一边缓慢后坐，一边把两个滚柱往里挤，这个阶段枪机后坐是被减速的；当滚柱基本脱离枪管节套凹槽时，又由于滚柱向内收拢，把枪机后方的斜面楔铁向后挤，楔铁加速把枪机向后拉，尽快脱离枪管节套，抽出空弹壳。所以滚柱延迟枪机是"先减速延迟，后加速脱离"。滚柱延迟原理常被用在 HK 公司各种枪械上，包括 7.62 毫米口径 G3 步枪，5.56 毫米口径 HK33、G41 步枪，被誉为"最精确半自动狙击步枪"的 PSG-1 狙击步枪，HK21、HK23 机枪，以及成为反恐特警标志的 MP5 冲锋枪等。

2. 杠杆延迟

杠杆延迟也是一种常见的半自由枪机原理。杠杆延迟后坐的工作原理是枪机分机头和枪机体，两者之间有一根可转动的杠杆。枪弹击发时，膛内压力把弹壳向后推，开始推动枪头后坐，机头和枪机体之间的杠杆下端短臂卡入机匣的凹槽内，机头后坐时，杠杆开始转动，拨动枪机体后坐。由于延迟杠杆上长下短，是一根费力杠杆，所以杠杆的上端拨动枪机体加速后坐时，杠杆下端还没脱出机匣凹槽，此时机头的后坐速度还很慢，后坐幅度还很小，起到了延迟后坐的作用。当延迟杠杆下端短臂彻底脱出机匣凹槽后，枪机体和机头一起加速后坐，此时枪膛内的压力已经下降到安全值，因此可以安全抽出空弹壳。在军用步枪上采用杠

杆延迟原理的，以法国列装的 FAMAS 自动步枪为代表。

3. 气体延迟

气体延迟是半自由枪机的一种，其工作原理是：枪机被膛压直接顶开，从枪管中导出的部分燃气起到阻碍枪机后坐的作用，燃气是阻力。HK P7 手枪就是典型的气体延迟半自由枪机。当 P7 手枪击发时，一部分火药燃气通过导气孔进入枪管下方的汽缸，产生压力顶住汽缸前方的活塞，延迟套筒的后坐；当弹头飞出枪口后，枪膛内压力骤减，汽缸内的高压燃气又通过导气孔返流到枪管内排出，汽缸压力下降，此时连接活塞的套筒开始后坐，进行抽壳、再装填的自动循环。

4. 肘节延迟

马克沁重机枪和鲁格 P08 手枪使用肘节闭锁，这两种武器都采用管退式自动原理，刚性闭锁，其肘节不会因为枪机后坐自动蜷曲，必须先让枪管后坐一段距离，然后肘节撞击一个曲面才能蜷曲开锁。也有一些自动武器虽然采用了肘节延迟原理，但肘节无法锁死，在膛压下能自行动作打开枪机，其作用并不是闭锁，只是给枪机后坐增加一些阻力，这也属于半自由枪机原理的范畴。

FAMAS 自动步枪

HK33 步枪

HK P7 手枪

鲁格 P08 手枪

→ 现代步枪大多是导气式的原因是什么

现在各国军队基本上装备的是自动步枪，其发射原理有别于栓动和半自动步枪，大都采用导气式工作原理，即通过在枪管中段开一小孔，或者是在枪口处装一个气体收集罩，导出一部分高压火药燃气，以及弹簧的作用力，以推动枪机运动，完成开锁、退壳、推弹上膛、闭锁等一系列与射击有关的动作。根据推动枪机的介质不同，导气方式也略有不同。其大致可分为长行程活塞导气、短行程活塞导气、直接气吹式导气、枪口集气式导气四种类型。

长行程活塞导气的优势在于粗长的大质量活塞在后退的时候带给枪机更大的动量，枪机后退、抽壳非常粗暴，可靠性好，而且零件也相对较短，活塞较少。但是大质量的运动会让枪的质心变化明显，后坐力也偏大。

短行程活塞导气是活塞杆向后的时候，直接把枪机框往后顶一段距离。机框通过这一顶的惯性继续往后退到底。短行程活塞的优势在于没有长活塞那么大的后坐力，质心的变化也不大，让人更好操控。但是它带来了额外复杂性，不如长活塞那么简单。而且后推的力也不如长行程活塞那么猛，可靠性稍差。

直接气吹式导气是经由导气管连接枪机框和枪机，火药燃气通过导气孔经由导气管直接冲入机框使其后退。这是导气式家族里边原理最简单的一种，而且没有活塞，因此它的后坐力也较小，非常适合全自动射击。但缺点是因为火药燃气和机框、枪机直接接触，很容易导致高温快速挥发掉枪油，需要经常保养。而且如果发射药比较差的话，未燃尽的颗粒容易冲入枪机室，导致故障率增加。

枪口集气式导气是在枪口上加装集气装置，让火药燃气在出膛之前先通过集气装置收集高压燃气，然后向后推动杠杆并打开枪机框。

采用导气式原理的 MAS-49 半自动步枪

采用导气式原理的 K1 卡宾枪

→ 中折式左轮手枪为何逐渐消失了

左轮手枪按照结构划分的话可分为三种，即整体式，这是左轮手枪的主流，需要外摆进行装填和退壳；中折式，可以像霰弹枪那样，枪身可"折断"，装填比较方便；固定弹仓式，要先后击锤才能装填子弹，这种类型的左轮枪精度高，而且很坚硬，但是这种枪械的击锤在装填过程中很容易与子弹发生撞击，进而走火，且这种枪不能使用快速装弹器。

中折式是一种枪械运作机制。其原理是使用一根或多根与枪体铰接的枪管，在解除锁栓后向下折开，暴露出枪膛，从而容许射手装填或退膛（其间抛壳杆会把膛室内的子弹或弹壳弹出，以实现所谓的"自动抛壳"）。额外的步骤可能还包括把击锤拉下以准备开火。采用中折式原理的枪械有很多种，常见的包括双管霰弹枪、双管步枪和复合枪。恩菲尔德 Mk Ⅰ 型左轮手枪和韦伯利左轮手枪是典型的中折式左轮手枪。

和其他两种左轮手枪相比，中折式左轮手枪装填子弹要方便很多。只要将枪身"折断"，就能一次性地退出全部的空弹壳。也就是说，一般的左轮手枪退出弹壳要经过"外摆＋退壳"两个步骤，而中折式左轮手枪只需要一个步骤就能完成。

中折式左轮手枪配备了可以快速装填子弹的快速装填器，左轮手枪被长期诟病的装填问题基本上被解决了。不过，中折式手枪也有很大的缺陷，所以导致这种手枪无法普及。由于这种枪可以折成两段，也就代表着这种枪由前后两部分组成，因此在强度方面，中折式左轮手枪在比另外两种左轮手枪弱。整体型左轮手枪可以使用 9.65 毫米和 11.43 毫米的子弹，但是中折式左轮手枪因为强度不足，所以无法使用大口径弹药。自动手枪发明之后，左轮手枪逐渐被淘汰，强度不足的中折式左轮手枪更是无踪影了。

恩菲尔德 Mk Ⅰ 型左轮手枪

双管霰弹枪枪管折开后的状态

中折状态的韦伯利左轮手枪

印度制 IOF 32 左轮手枪枪管折开后的状态

→ 步枪射击时，如何避免因枪口上扬对子弹走向产生的影响

　　步枪在击发时，一方面火药燃气推动弹头飞出枪口，另一方面通过导气装置推动自动机后坐，完成抽壳等动作，待自动机后坐到后方极限位置撞击机匣尾部时，才会把后坐能量传递给射手肩膀，此时弹头早就飞出了枪口，对射击精度没有直接影响。但是在连发射击时，后坐力就会影响射击精度。第一发子弹击发后，弹头飞出枪口，自动机后坐，把后坐力传递给射手，枪口上扬，还没恢复到初始位置重新构成瞄准线，第二发子弹又击发了，第二发子弹的后坐力传递给射手，枪口再次上扬，没恢复第三发又击发了……所以在连发射击时，上一发子弹造成的枪口上扬会影响下一发子弹的射击精度，枪口不停地跳动，会导致射弹落点散布增大、偏上。

避免枪口上扬对子弹走向产生影响的方法有如下四种。第一种方法是采用直枪托。传统的步枪为了适应肩膀到眼睛的高度差，枪托是略微向下成斜线的，这样一来，枪管轴线和枪托受力中心点之间会产生高度差，并形成上扬力矩，击发时枪口会不由自主地上扬，影响连发精度。

直枪托的步枪则不然，它的枪托不向下弯折，而是和枪管保持在一条水平线上，为了适应肩膀到眼睛的高度，将瞄准具适当抬高。这种步枪射击时后坐力作用方向和枪管轴线重合度较高，上跳力矩较小，能在一定程度上减小枪口上扬的幅度。

第二种方法是采用枪口防跳器，这是在枪口上方开孔或者开槽，让一部分火药燃气从枪口上方的开孔内泄出，利用反作用力抵消一部分枪口上跳的力矩。

第三种方法就是用一种惯性体反方向运动，抵消上跳力矩。普通的自动武器，枪机是前后运动的，向后撞击机匣末端时把后坐力传递给射手的身体。由于枪机运动的轴线高于射手握持的位置，因此就会产生一种翻转力矩，会有枪口朝上跳的趋势。

第四种方法是使用浮动枪机。浮动枪机技术的设计技术来自美国二战后的"齐射"理论。如果一种步枪能在极短的时间内打出一次2～3发的点射，射击速率快到一个点射全部打出去，后坐力才传递到射手肩膀上，枪口才上跳抖动，那么这次点射时的第2、第3发子弹就不会受到第1发子弹后坐力的干扰，这次点射的几发子弹就会非常密集地射向目标，散布在一个很小的圈里，射击命中率就会大大提高。

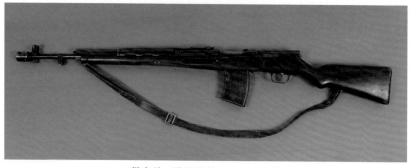

带有枪口防跳器的 AVS-36 步枪

士兵使用带有斜口防跳器的 AKM 突击步枪

→ 马克沁机枪枪管过热怎么办

　　马克沁重机枪是世界上第一款真正成功的以火药燃气为能源的自动武器，其因以射速高而在战场上备受推崇，在战争中拥有不可替代的地位。不过射速高也给马克沁机枪带来了巨大的缺陷，那就是在连续高速射击时，它的枪管、枪机等枪械部件会急剧升温，因此必须采取措施使枪管、枪机冷却下来，否则会因枪管过热导致上膛子弹走火等事故，还很可能导致枪管炸膛，枪支报废。

　　因此，马克沁重机枪采用水冷方式，它的枪管套有一个巨大的水冷套筒，里面装满了水，射击时的热量将被水吸收带走，产生的水蒸气则会通过橡皮管排出。马克沁机枪的枪管水冷套筒中大约可以装 4 升的冷却水，下面的水箱一般容积是 9 升，两者相加就是 13 升冷却水，这差不多可以连续射击 3000 多发子弹，相当于 10 条帆布弹带。通过这种设计，马克沁重机枪的理论射速可以达到 450～500 发 / 分，大大增强了火力压制效果。水冷机枪可以使其长时间无限制地连续射击，能一口气打出上万发子弹。

不过，水冷机枪有个致命的弱点，那就是太重，不利于战场机动。一架水冷重型机枪，需要将近 10 人操作，并且至少需要 2 名士兵专门拿着水桶随时准备给水冷机枪的水冷套筒加水和换水。水冷机枪平时行军需要车辆运输，对缺少机械车辆的部队来说，就需要用大牲口背负运输，如果连大牲口都找不到，就只好多人轮换抬着走了。因此为了减轻行军的负担，水冷机枪的水冷套筒在非作战期间都是不加水的，到阵地上之后再由专门负责加水的士兵现场打水加进去。但并不是所有的阵地都能找到水源，尤其是在山地作战时更难找到水。

二战以后，冶金工艺比过去发达很多，笨重的水冷机枪就被新式的自然气冷机枪所替代。不过在容易获得水源的舰艇上，水冷机枪仍然大批存在。

战场上报废的马克沁重机枪

一战时期的马克沁重机枪

马克沁重机枪

展览中的马克沁重机枪

左轮手枪也可以连发射击吗

左轮手枪是一种可以反复击发子弹的手枪，分单动式与双动式两种击发模式。单动式击发时，需要先用手把击锤扳倒，然后连接转轮的机构开始工作将弹仓尾部对准击锤与枪管，利用转轮下方的锁止机构卡住击锤，防其倒下产生走火现象，这时扣动扳机后让锁止机构释放击锤，然后击锤会在后方的有弹性有牵引部件作用下突然向前运动击发子弹。

要想获得连发射击效果，可以将扳机扣下去，不让锁止机构卡住击锤，这样只要一拨动击锤就能自动向前运动击发子弹，拨击锤的速度越快，子弹发射频率也就越高，因此就会连射。当然这种火力持续性很差，因为一般转轮弹仓里只有 6 发子弹。

采用双动式发射模式时，就不必先用手把击锤扳倒了，直接扣扳机就能击发子弹。双动式发射模式是把单动式的手动扳击锤的动作结合到扣扳机动作里，这样扣扳机的同时，就完成了扳倒击锤，让其处于被锁止的位置，然后再释放击锤，让其向前运动击发子弹。这样一个动作就把之前三个动作全部结合到一起了，在对决过程中确实会占一定优势。但是双动式发射模式有一个弱点，就是虽然机械的动作都整合了，但是这些动作全都要依靠扳机来完成，这会给扳机施加不小的压力，扣动扳机时比较费劲。

为了解决扣动扳机费劲的问题，现在的左轮手枪虽然采用了双动式射击方式，但是也保留了原来的单动功能。就是只要扣住扳机，这时扳机的锁止机构由于与击锤有空隙，因此无法锁住击锤，这样就可以不停地用左手放倒击锤让其击发子弹，同时击锤也可以带动转轮。

虽然左轮手枪可以连发射击，且射速比机枪慢不了多少，但是受限于有限的子弹，无法长时间连发。

史密夫韦森 M22 左轮手枪

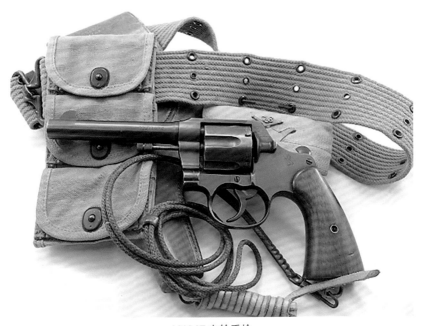

M1917 左轮手枪

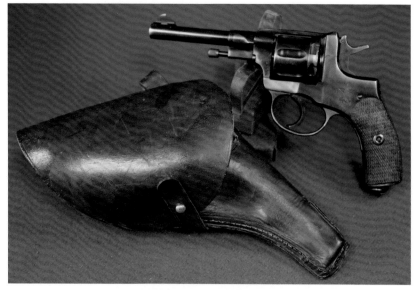

纳甘 M1895 左轮手枪及枪套

→ 前端闭锁与后端闭锁哪种更好

　　随着德国的前身普鲁士军队装备的 M1841 旋转后拉式枪机的步枪在普丹战争中大放异彩，这种设计技术开始在国际军事装备领域普遍流行。随着无烟火药的出现，子弹的威力越来越大，枪支设备的基本形态也在 19 世纪末形成。当时的枪机闭锁方式有两种，一种是传统的前端闭锁方式，其中最为著名的就是毛瑟 1898 步枪上使用的一体式枪机，另一种就是以英国李·恩菲尔德步枪为代表的后端闭锁方式。

　　毛瑟步枪和英国的李·恩菲尔德步枪最大的不同在于枪支的闭锁方式，所以造就了两者不同的性能。毛瑟步枪用的是旋转后拉式枪机，并且枪机由前端闭锁。这种结构设计被大部分国家的步枪所采用，而且到今天的栓动式狙击枪的枪机设计和毛瑟枪机设计的差别也不是特别大。而李·恩菲尔德的枪机闭锁装置则在后方。两者枪机的闭锁设计差距决定了两者的性能差别。

　　枪机前端闭锁的好处在于枪膛的封密性能较好，火药燃气不会泄漏，燃气可以为弹丸提供足够的动力，并且枪机强度更高，可承受的膛压更高，可以发射威力更大的子弹。但缺点就是拉枪机时需要更大的力气，枪机旋转需要转动 90°，而且枪机行程更长（闭锁部分＋子弹长度），所以射速相对较慢。而后端闭锁的优点和毛瑟枪机正好相反，枪机行程短（只需走一子弹的长度就够了），并且枪机旋转只要 60°就可以开锁拉栓，所以射速更快，但是枪膛的密气性差一点，而且强度更低，在高膛压的时候机匣闭锁结构比毛瑟步枪更重。

　　总的来说，就是毛瑟步枪的射程更远、精度更高、威力更大，但是射速比较慢；而李·恩菲尔德步枪射速快，但射程更近，射击精度更低。所以这也是英国这款步枪为什么不能做狙击枪的原因之一，相比之下，同为前端闭锁的毛瑟步枪和莫辛－纳甘步枪却可以做狙击枪。不过李·恩菲尔德步枪快到几乎可以和半自动步枪差不多的射速，在近距离作战中还是挺猛的，为了满足它的高射速需要还专门配置了一个 10 发容量的弹匣。

　　到了现代，像英国李·恩菲尔德这种后端闭锁的步枪设计已经被抛弃了，因为它的射速虽然较快，但是射速也就仅仅比栓动步枪快一点。相比半自动步枪的射速还是逊色不少，而且由于只能发射低膛压的子弹，其射击精度还没有半自动步枪的精度高。而现代的单发射击栓动狙击步枪都是追求高精度的武器，所以密封性能好的毛瑟枪机那种前机头闭锁凸榫的设计方式就成了首选。

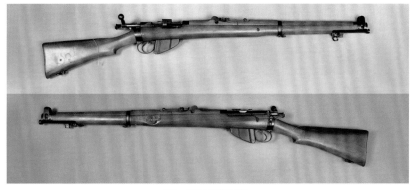

李·恩菲尔德步枪

毛瑟 1898 步枪

→ 阳光会影响枪械的瞄准吗

　　阳光对枪械的瞄准和射击肯定是有影响的，尤其是对于枪械利用机械瞄准具来进行瞄准、射击的时候，影响更大。

　　从枪械的瞄准具构成来看，它的准星部分有护圈和护翼保护，不易因受到摩擦而发亮，射击的时候阳光也不会直接照射在准星上，对瞄准射击影响不大；但是标尺的缺口部分因为外部没有保护装置，经常受到摩擦，容易发亮并反光，特别是在强烈的阳光照射下，虚光会使标尺缺口部分形成三层，即虚光部分、真实缺口、黑实部分。从具体所在位置来看，虚光部分在上面最外层，黑实部分在下面最里层，这两处都不是真实的缺口；在虚光部分与黑实部分的中间位置，就是真实缺口所在位置。在这三层中，阳光越强烈，缺口的三层分界越明显。

　　在这种情况下进行瞄准射击，会对射击精度产生影响：如果用准星尖与缺口最外面的虚光部分来瞄准目标射击，则射距偏远，弹着点会偏高；如果用准星尖与缺口的黑实部分进行瞄准射击，则射距偏近，弹着点会偏低；只有用准星尖与真实缺口来瞄准射击，才是正确的射击方式。

　　此外，阳光对瞄具的不同照射角度，也会产生不同的影响：当阳光从侧面照射而来时，如果用虚光部分来瞄准射击，弹着点就会偏向阳光照来的方向；如果用黑实部分来瞄准射击，则弹着点会偏向相反的方向。

装配在狙击步枪上的瞄准镜配有遮光罩

PSO-1 光学瞄准镜的标线

→ 枪管炸膛的原因是什么

枪械的枪管内有一个闭锁机构，当这个闭锁机构里的气体压力过大无法承受时，就会炸裂，这就是所说的炸膛。除了拥有备用枪管的机枪以外，一般来说，绝大多数军用枪械的枪管在报废以后，整支枪也就宣告寿终。

炸膛其实就是枪管或者枪机的闭锁机构，无法承受火药气体的压力而发生的枪械故障。只是这种故障往往发生在一瞬间，又因为发生的环境都是在枪机和枪管这种相对封闭的空间，所以会由火药气体引起枪机或者枪管的炸裂。如果枪管在野战条件下受外力作用发生变形，弹头不能顺利通过，出现这样的问题，不只是枪会炸膛，就算是火炮也照样炸膛。

那又是什么原因导致枪管或枪机无法承受火药压力的呢？最大原因就是枪管内有异物。由于枪支保养不当，枪管里太脏，残留太多的灰尘、金属残留物等，这些异物会在子弹发射通过的过程中产生阻力，进而使管内的火药气体没有办法排出，里面压力大了，自然而然就会炸裂。

还有一种常见的炸膛原因就是装错弹药。比如错把燃烧速度快得多的手枪弹发射药装进步枪弹里，也会导致膛压远超枪管的设计强度极限，造成炸膛。有时候弹药本身存在质量问题，或者储放不当，导致火药颗粒大量破碎，燃速突然加快，也会出现类似的问题。有的枪械爱好者为了增加子弹的射程和威力，会自己增加火药量，如果计算量出错或者装药的时候出错，那后果也将不堪设想。

炸膛时高压气体冲破枪管和枪栓限制后会损坏其他非承压部件，受害最直接的就是弹匣，弹匣飞出来的概率很高。如果是手枪的话，握柄也有可能受损，手也会受伤。手枪射击时脸部远离枪栓，只要套筒不被炸飞，炸膛直接的危害就是在手上。步枪本来子弹压力就高很多，射手头部离枪栓也很近，特别是直托弹闸枪机后置类的枪支，枪栓就在下巴附近，一旦炸膛还是很危险的。

因此，为了避免炸膛事故的发生，就需要可靠性高的武器，并定期对武器进行清理、维护和保养。如武器超过使用寿命或期限，就应将武器立即送到回收部门进行回收，并使用新的武器。

枪管发生炸膛事故

枪管连续射击后变得发红

→ 现代机枪怎么散热

在机枪这种自动武器研发出来后，设计师们开始发现连续射击很快就会积累很高的热量，这些热量难以快速散发，如果不能快速散热而继续射击是非常危险的，轻则导致武器损坏，重则导致子弹在枪机等结构中爆炸，造成严重的伤亡事故。

由于水冷式散热已经不适应现在的战场，因此现代的机枪散热主要采用气冷的方式散热，即靠空气带走机枪发射时产生的热量。为了提高散热效率主要采用了以下三种方式。

一是枪管上开散热槽。二战时期的机枪，如捷克VZ.26轻机枪，便是在枪管上设计了横向散热片以提升散热效果，但横向散热片的缺点是增加了机枪质量。二战后的机枪在处理枪管的散热问题时，有的采用了在枪管外壁开纵向散热槽的方式改善散热效果，实践证明，通过在枪管外壁开槽，增加了枪管与空气的接触面积，散热效果较好。

二是配备备用枪管。二战中德军的MG42机枪射速极高，等待其自然冷却是不现实的，因此其采用了快速更换枪管的散热方式，此后很多机枪都采用了类似的散热方式。现代机枪的设计中一般都考虑到了枪管的更替，在部队的装备中都随枪配备了备用枪管，并规定由副射手携带备用枪管。武器的使用规程中明确规定，在连续发射一定数量的枪弹后必须及时更换枪管。通过枪管的交替使用，解决了枪管的散热问题。

保存在博物馆中的捷克 VZ.26 轻机枪

德国 MG42 通用机枪

三是提高枪管材料的红硬性。机枪之所以要强调散热，是因为金属受热后刚度会降低，故对于枪管材料有一个重要的衡量指标叫作红硬性，即用来衡量材料在高温条件下的刚度指标。通过冶金技术的提高，目前制作枪管的钢材红硬性比二战时期有了很大的进步，因此枪管的耐热能力得以提高，散热的压力相应地降低了。

不过，现在有一些机枪既没有设计散热片，也不能快速更换枪管。现代战争中长时间连续射击的情形不多，主要是长短点射，因此产生的热量不高，此时通过一根较厚的枪管是完全能承受住的。

机枪枪管特写

弹壳是怎样抛出去的

在射击过程中，弹壳会朝一定的方向有规律地依次蹦出，实际上这是枪械上必备的一个装置——抛壳机构的功劳。

手持的单兵枪械，发射后的弹壳一般向两侧抛出，这样在设计上比较简单，但容易烫伤或碰伤旁侧的战友或同伴。安装在三脚架上的重机枪弹壳多数向下抛出，而车载或飞机舱门处安装的机枪则设有专门的弹壳收集袋。

自从金属弹壳定装枪弹出现以后，枪械设计师们首先就得解决这样一个问题：在下一发枪弹进膛之前，先要将前一发空弹壳从枪膛中取出。在这一过程中首先起作用的是一个被称为"拉壳钩"的部件，它位于枪机头部，顾名思义，是一个钩状零件，它可以钩住弹壳底缘部分，在枪机的带动下将弹壳从枪膛内抽出。

其次就是让弹壳可靠地抛到机匣外边，因此必须设置一个可以对弹壳施以外力的零件，即通常所称的"抛壳挺"，其具体样式随枪械种类和自动原理不同而有一定差别，但根据安装方式和动作原理，一般可分为固定式（也称固定抛壳）和活动式（也称为弹性抛壳）两种。

采用固定抛壳方式的枪械非常多，包括自动手枪、冲锋枪、自动步枪、轻机枪和重机枪。采用这种方式，就是将抛壳挺固定在抛壳窗内部与拉壳钩相对的一侧，并在枪机相应的部位开出通槽，以便抛壳挺能撞击弹壳底部。

当拉壳钩连同弹壳高速后退到抛壳窗位置时，弹壳底部受到抛壳挺的撞击，以拉壳钩为支点形成一个回转力矩，使弹壳以较高的速度飞离抛壳窗。这种方式的优点是抛壳可靠、稳定、有力，缺点是要在枪机上开槽，对枪机整体强度有一定影响。固定抛壳挺一般为单独的加工件，采用铆接、焊接或销钉的方式固定，也有直接在机匣内部直接加工成型的，采用铆接或销钉固定的优点是在抛壳挺损坏时便于更换修理。

弹性抛壳挺在西方被广泛使用在冲锋枪、自动步枪和各种机枪中。这种结构一般在枪机前端面与拉壳钩对称的位置上开有一个深孔，内装抛壳挺和抛壳挺簧，抛壳挺由一个销子限制住。当枪弹被枪机推入弹膛后，凸出枪机端面的抛壳挺被压入枪机体内，同时压缩抛壳挺簧。枪弹发射后，枪机后退，抛壳挺簧通过抛壳挺始终顶住弹壳，当弹壳脱离弹膛后，抛壳挺便以拉壳钩为支点给弹壳施加一定的作用力，加上高速后退的枪机赋予弹壳的惯性，使弹壳抛离枪机体。

弹性抛壳挺的优点是结构紧凑、所占体积较小，缺点是抛壳很不可靠，在污垢多的情况下容易失效，同时由于受到空间限制，抛壳挺簧体积很小，寿命很难保证。此外，还有一种与弹性抛壳挺类似的活动抛壳挺，也是装在枪机端面后方，但其抛壳的能量不是来自弹簧，而是后退的枪机使抛壳挺与机匣内部特地加工出的一个配合面撞击而将弹壳顶出，所以其安装的轴线与弹膛轴线有一定的夹角。

发射之后的子弹弹壳

除上述抛壳方式外，还有一些不太常见的结构，一般只在某一种或几种枪械使用过，如前抛壳原理、打壳式、击针抛壳式、抽壳钩与抛壳挺一体式等。枪械的抛壳方式种类较多，即使是同一种自动原理的武器，也会有较大的差异，选择何种抛壳机构，以及向哪个方向抛壳是由枪械具体结构和设计要求来决定的，一般要求抛壳稳定可靠，体积紧凑小巧，加工装配方便，使用寿命长，从这个意义来说，各种抛壳方式并没有绝对的优劣之分。

弹壳抛出瞬间

→ 自动步枪工作原理是怎样的

自动步枪是利用发射时膛内火药燃气能量或非人力外部能量实现自动装弹入膛的枪械。自动步枪包括全自动步枪与半自动步枪。发射后能完成自动装弹入膛，并能进行连发射击的步枪称全自动步枪；发射后能完成自动装弹入膛，仅能进行单发射击的步枪称半自动步枪或自动装填步枪。全自动步枪与半自动步枪的结构区别仅在于发射机构。

现代军用枪械多是自动步枪。自动步枪的特点是射击速度快、火力密度大、机动性好、可靠性强、能有效杀伤快速运动的目标。自动枪械的自动方式主要取决于能量的利用方式，常见的以火药燃气为能量的自动方式有枪机后坐式、枪管短后坐式和导气式，还有利用外部能源的外能式。

自动步枪之所以能够自动装填、击发、抛壳等，几乎都是以火药燃气作为动力来源的。根据其利用火药燃气的方式不同，可分为不同种类的枪械自动原理，枪械常见的自动原理大致可以分为管退式、导气式和枪机后坐式三大类。武器选用不同的自动原理，主要是由其战术要求和技术特点所决定的。

第一次击发时，必须手动上膛，撞针撞击子弹底火，点燃弹壳内的火药，形成火药气体，推动弹头向前。在枪管前1/3的地方，有一个导气孔，多余的火药气体会进入导气孔，并推动活塞往后运动，活塞撞击枪机，枪机也向后运动，抛出弹壳。然后，枪机后的复进机会把枪机推向前，将子弹上膛，开始下一次击发。这样反复地运动就可以使之连发。总的来说，枪能连发，是由子弹壳内火药燃烧提供的化学能为内源动力的。

扳机上连着击发阻铁，一直扣着扳机，击发阻铁与扳机断开，上述过程会一直进行，直到弹匣内子弹发射完，如果在射击中松开扳机，扳机就会与击发阻铁相连，击发机就无法向前撞击撞针。

HK417 自动步枪

AR-10 自动步枪

➜ 匕首枪如何发射子弹

　　匕首枪，顾名思义，就是一把集匕首和手枪为一身的多功能武器，其特点是在匕首柄内开有数个枪膛和一个发射系统，利用击扳上支耳沿着枪闩内齿槽依次滑动，而用击扳上的击块撞击击针，发射子弹，枪体内还装有退击装置，多用于特种作战。

　　俄罗斯生产的 NRS 匕首枪外形看起来和一般的匕首区别不大，刀刃比较整洁，没有过多的其他装置。不过在刀柄护手上设计了一个照门，刀柄的末端也有类似于枪械的瞄准具。正常情况下，这把刀就是士兵的防身近战工具，同时也能在野外生存时派上用场。

　　NRS 匕首枪最奇特的就是刀柄，它不像一般刀柄那样为中空结构，而是容纳了一根枪管和枪膛。其使用的子弹不是一般意义上的子弹，而是特制的低噪声活塞子弹。这种子弹弹径为 7.62 毫米，弹壳长 42 毫米。这种子弹也使用在著名的 PSS 微声手枪上，其工作原理非常奇特。首先是在子弹内加装一种活塞，射击时子弹底火引燃火药，活塞开始向枪口方向运动，与此同时活塞也会推动弹头运动，但是弹头仅仅在枪管中加速运动约 25 毫米。弹头飞出枪口后，活塞便被阻挡，阻挡火药燃气喷出，因此枪和匕首会迅速升温，导致枪管和匕首非常烫。弹头的质量为 10 克，初速度 200 米 / 秒，属于亚音速弹。正因为这种独特的设计，无论是 PSS 微声手枪还是 NRS 匕首枪，其后坐力和噪声都很小，毕竟是专用的子弹和设计，和加装消声器的枪械是不一样的。

　　NRS 匕首枪的射击方式同样也很奇特，在射击时刀尖对着射手，而且只有一发子弹。不过这种刀尖对着自己进行射击的操作方法，会给人心理上造成一种不安全感，从而影响射击

NRS 匕首枪的刀柄部分

的准确度。而且活塞子弹和短小的枪管使匕首枪的射程非常有限，有效射程只有 25 米，约为一般手枪的一半。25 米外子弹依旧有杀伤力，但其精度会下降。正常情况下，NRS 匕首枪不会用子弹还击，而在近距离格斗时，突然调转刀尖方向开一枪往往会对敌人造成致命伤害，实战作用还是不小的。此外，NRS 噪声很小，也能当作暗杀武器，可以轻松解决掉落单或者守卫的士兵。

由于使用受限且有一定的危险性，NRS 匕首枪主要装备俄罗斯的特种部队和侦察兵，这种奇特的武器也让很多国家受到启发，不少国家都开始设计各自的匕首枪，用途也基本都是特种作战或者作为防身武器。

NRS 匕首枪的不同状态

士兵演示如何使用 NRS 匕首枪

第5章
战术部件篇

随着战争形态的不断变化，城市作战、特种作战、反恐作战等已成为步兵分队作战的主要形式，在激烈复杂的对抗环境下，单兵轻武器的功能性显得越发重要。枪械配件可以大幅度提升枪支性能，如今的枪械战术部件多种多样，士兵可以根据不同的作战环境选择合适的战术部件。

→ 概述

　　在电影中我们可以看到，战场上士兵人手一支步枪，除了枪身、弹夹之外，还带有各种不同的配件，如瞄准具、战术手电筒、前握把、激光指示器甚至榴弹发射器等。要把这么多的东西安在枪身上，多亏了战术导轨的发明。

　　在导轨出现之前，为满足夜战的需要，一些国家将战术手电筒作为应急工具配发士兵，但实际使用时，士兵需要一手持枪，一手拿手电筒，行动非常不便；同时各种先进的瞄准具在部队得到了广泛运用。如何把这些具有重要实战价值的功能件妥善地安置到枪械上，又能拆卸方便，且不影响弹壳抛出，还要具有通用性，成为首先需要解决的一个难题。20世纪90年代初，美国皮卡汀尼公司在早期各种导轨的基础上，发明了皮卡汀尼附件导轨系统，圆满地解决了这些问题，且在实战中不断优化，标准不断固化，成为许多国家的枪械标准件。

　　射手可根据作战需要，在枪支上加装各种组件，主体结构增加了战术手电筒、激光照射器、瞄准具、两脚支架和前护手等多个部件，以满足夜战、远距离精确点射、移动射击稳定性等需求。

现代枪支及战术配件

狙击手在城市环境中执行任务

在现阶段枪支的部件中，除子弹、枪管之外，枪托、握把、护木等结构均以工程塑料取代了金属材料，除了满足单兵武器轻量化的要求外，更重要的是塑料的成型工艺简便，很少需要二次加工，制造成本低；同时塑料的品级多、选材范围广，还可以根据产品要求设计配方并进行改进，为选材提供了极大的空间。此外，塑料制品耐腐蚀、耐老化、耐低温，能更好地适应盐雾、潮湿等不良环境。

目前，世界各国的枪支结构中工程塑料的占比不断增大，如美国的 M16 枪族，除护木、握把之外，还采用了聚碳酸酯制造的弹匣材料，这种材料不仅质量轻、耐磨损，同时透明的结构还便于士兵随时观测剩余弹量。德国 G 系列枪支的枪管采用了陶瓷内管缠绕金属纤维增强的环氧复合材料，枪管的加工成本大幅度降低，寿命进一步提高。而枪支上的某些高频受力构件，如击锤、保险机构、抛壳器等，也正在逐渐实现塑料化改造。

单兵作战时携带的重量有限，突击步枪的重量一般为 3～4 千克。过重则会增加负担，影响士兵的机动性。但也并不是越轻越好，射击时的后坐力会直接影响射击精度。如果枪支过轻，则不仅不便于操控，反而会影响射击的稳定性。但通过材料或结构使枪械减重仍然非常有意义。枪身减重，意味着可以配装更多的各种战术组件，使功能进一步完善。

第 5 章

现代枪支及保养工具

近年来，枪械的发展集中在功能补全上，各种瞄准具、手电筒、支架等外设通过皮卡汀尼导轨安装在枪支上，使一支步枪从单纯的点射火力变身成为集火力压制、远程射击、战术指示、夜行作战等功能为一体的复合型装备。而各种新材料、新技术的运用，使枪支的成本、可靠性、寿命进一步优化，在减轻枪身质量的同时，为扩展更多功能提供了可能。

狙击步枪瞄准镜中的图像

→ 枪械常见的瞄准装置有哪些

从轻兵器问世至今的几百年间，枪械的结构和弹药都发生了巨大的变化，性能也有了很大的提高，但与其他装置相比较，枪械的瞄准装置发展却十分缓慢。最为常见的"三点一线"机械瞄具，其发明甚至可以追溯到弓弩时期，而光学瞄具直到 19 世纪才被发明。瞄准装置是轻武器系统的重要组成部分，不管是机械瞄具还是光学瞄具，瞄具的优劣可以直接影响武器性能的发挥。目前，常见的枪械瞄准装置有以下几种。

1. 机械瞄准装置

典型的机械瞄具由两个组件构成，即照门和准星。照门靠近枪手，常见的有凹槽型和小圆孔型，分别对应开放式和觇孔式。准星则靠近目标，形态有柱状、珠状或环状。机械瞄具因为结构简单，坚固耐用，所以一直被广泛应用至今，甚至和光学瞄具整合一起当作备用。因为人眼生理结构的因素，不同距离的物体不能同时在视网膜上形成清晰的图像，也就是说，瞄准远距离目标，准星会变模糊。这导致机械瞄具在远距离瞄准目标时，不能发挥很大的作用。

2. 光学瞄准装置

在光学瞄具方面，使用较多的是望远式瞄准镜、微光式瞄准镜、红点式瞄准镜、全息式瞄准镜、激光瞄具等。

（1）望远式瞄准镜。因为依赖天然的可见光，望远式瞄准镜也被称为白光瞄准镜，就是利用望远镜折射的原理，将远处的景象放大。瞄准镜的光学系统通常在合适位置配有标线，能够给使用者提供精确的瞄准参照。和机械瞄具不同，光学瞄具能同时看清标线和目标，为精确瞄准提供了很大的便利。但也会因为光通量太大，也就是可见光太过强烈，存在无法瞄准和对人眼产生损伤的缺点。

（2）微光式瞄准镜。微光式瞄准镜也称为夜视瞄准镜。目前，这种瞄准镜有两种类型。一种是增强目镜一端的光度，是最简单的夜视仪，但是需要适合在有微弱光源的环境使用，如星光、月光、火光等，在全黑无光环境中无法使用；另一种由仪器向外发射红外光束照射目标，并将目标反射的红外图像转化成为可见光图像，全黑环境下可以进行观察。但因其观察距离较近，因此在观察时很容易被对方发现，从而暴露自己。

（3）红点式瞄准镜。这种瞄准镜又叫反射式瞄准镜，是一种没有放大倍率的光学瞄具。其通常有一个亮红色的瞄准点，运用特殊光线由镀膜镜片点状反射进射手眼睛。由于红点镜中射入眼睛的光点永远与红点镜平衡，即使眼睛不在红点镜的中轴上，也能透过红点准确瞄准，可提升高速移动或身体摇晃时的射击精确度，因此被各国大量使用。但是红点成像依赖反光的镀膜，所以它的透光率不高，光线有 $10\% \sim 30\%$ 的损失。红色准星的话通常还泛着蓝色，在较暗的环境中存在视差。

（4）全息式瞄准镜。是一种没有放大倍率的光学瞄具，很容易和红点式瞄准镜混淆。全息衍射瞄准镜上看到的红点则是由全息摄像／显像技术产生的分划板的全息图像。与反射式相比优势清晰。无论是准星精度、亮度还是视窗透光率都比反射式好。而且视野范围因为是方的，也比一些桶状红点瞄具有优势。但是因为全息式瞄准镜造价昂贵，技术高端，续航能力较差，不用时需要关机。

（5）激光瞄具。激光瞄具又叫激光指示器，作为一种瞄具，它并没有同以上的瞄具一样具有镜片。这种瞄准具一般使用肉眼不可见的红外线激光（和激光笔同理），使用时会在目标周围形成一个非常小的红色激光点，该激光点的位置附近就是弹着点。这种瞄具适合阴暗处或晚上使用，除红绿镭射外肉眼可视外，一般搭配夜视装备使用，效果更突出。

士兵在突击训练中使用激光瞄具

枪械配备的全息式瞄准器　　　　FN FAL 自动步枪配备望远镜式瞄具

→ 瞄准镜如何配枪校正

瞄准镜配枪校正一直困扰着各国射手。1993 年 9 月，美军曾进行过下车步兵先进夜战演习，其演练项目之一，就是考察哪种瞄具在 25 米处更容易校正。瞄准镜配枪固定后，需要调整零位，消除枪镜连接时产生的不协调因素，使瞄准点与弹着点重合，达到瞄到哪里、打到哪里的目的。这个过程，称为瞄准镜配枪校正。

瞄准镜配枪校正可分为有仪器校正和无仪器校正两种方式。

1. 有仪器校正

通常使用一种专门校正仪器——棗校正仪来确定枪的方位或理想弹着点的位置，为枪镜校正提供一个参考点，进行校正。相对于常规无仪器校正，这种方法可以缩短时间，节约子弹。最早的校正仪已有几十年的历史，一直沿用至今。校正时，将直杆插入枪膛，通过校正仪观察靶子方向，同时移动校正仪并带动枪支改变位置，当理想弹着点对准靶心时，保持枪支方位。然后通过瞄准镜观察并调整瞄准镜，使瞄准标志向靶心逼近直至对准，此时若理想弹着点仍对准靶心即完成校正。由于校正的基准经过了几次传递，且每次传递都可能产生误差，因此，这种方法很难完成精确校正。另外，由于校正仪观察点在枪口附近，瞄准镜观察点在枪托附近，单人操作比较困难。但相对而言，这种办法还是能节省一定的时间和子弹。

后来，出现了一种结构更简单、使用更方便的校正仪，其由一根平行光管和一根可与枪膛相配合的直杆构成，平行光管分划板上刻有理想弹着点的标志。另有一种成本低廉的校正装置，也能使瞄准镜完成快速粗校。它由一块标志板和一根与枪膛相配的直杆及一个中心带有小孔的物镜盖组成，标志板上刻有理想弹着点。

2. 无仪器校正

并非每套枪镜都带有一个合适的校正仪，而且常规的校正仪也只能完成粗略校正。所以，自瞄准镜诞生以来，几乎所有射手最终仍要进行无仪器配枪校正。最常用的无仪器校正的方法是保持瞄准点不变，改变弹着点位置，使弹着点向瞄准点逼近，直至重合来完成校正。

实际操作时，可先通过瞄准镜瞄准靶心射击，然后观察弹着点和靶心的相对位置，确定调整方向和调整量，并调整瞄准镜，改变枪支的射击方位，以修正弹着点位置。然后再次瞄准靶心射击，验证是否击中靶心。从理论上分析，经过一次试射、调整，即可完成校正，但实际上由于诸多因素的影响，往往需要将上述过程重复多次才能完成校正，费工、费时、费弹，给射手带来诸多不变。

但是若保持弹着点位置不变，改变瞄准点位置，使瞄准点向弹着点逼近直至重合，完成瞄准镜配枪校正，这样不仅能够减少校正花费的人工、时间和子弹，甚至可能在几分钟内一枪校正。

狙击步枪瞄准镜中显示的图像

配备瞄准镜的莫辛 - 纳甘步枪

→ 枪械消音器的效用是什么

消音器是一种附加在枪械上的装置，用来降低发射弹药时所产生的噪声。

消音器的原理是使枪管内的高压气体在喷出枪口之前得以相对缓慢地膨胀，由于降低了气体喷出的速度，就可显著地降低噪声。有些消音器也会采用和摩托车消声器类似的结构，即通过包体内部反射面的设计来增强音波的反射，使声音通过散射被消减掉。这种精细、复杂的设计自然增加了这类消音器设计和制造的难度，因为它们需要非常精密的切割和组装工艺。由于这个原因，这类消音器通常体积较大，而多被用于消除大口径步枪所产生的噪声。

如果将其安装在使用亚音速弹药的手枪或冲锋枪上，好的消音器可将声音减弱为一种响亮的气体"噼啪"声。用于步枪时，尽管噪声被减弱了，但一般来说仍可在数百米外听到枪声。不过消音的效果一般还是能满足不使用听觉保护装置而进行安全设计的需要。同样重要的是，这种声音产生在某种程度上使之听上去不像枪声，所以会降低或者消除射手的注意力。

大多数消音器可通过将螺纹结构反向旋转而从枪管上拆除，但那些通过释出填药的气体来降低弹药速度的消音器，则是和枪管制造在一起的，因此只能通过拆除枪管来拆除消音器。这类消音器通常称为整体式消音器，其比可分离式的消音器更粗。因为这类消音器贴附于整个枪管长度的大部分之外，因此在承受扭力时不易产生弯曲，例如发生枪械跌落时。而对可分离式消音器来说，在安装时哪怕稍微没有对正，都会导致其与弹头接触，进而严重地影响射击精度，甚至导致射出的子弹把消音器从枪械上扯下来。

枪械消音器剖面结构

安装消音器的不同枪械

士兵使用带有消音器的 M240 机枪

不同类型的枪械消音器

→ 枪械上的导轨有哪些

现在世界上很多国家均采用先进技术，专门研究目标获取和快速瞄准装置，而导轨的发明使射手能够按任务需求组装武器，如近战时在导轨上安装光学瞄准装置，中距离战斗时选用内红点，需要战术照明时安装白光或红外灯等。从某种意义上说，导轨是继发明连发枪以来步兵装备中又一次革命性发明。

实际上导轨系统已经与美军的轻武器完全成为一个整体，它是美军的标准附件系统，并促进了专门研究导轨与导轨附件技术的发展。导轨式安装基座在 20 世纪早期就出现了，其主要种类有以下几种。

1. 燕尾式导轨

燕尾式导轨就是把瞄具的调整环底部滑套安装在机匣上的凹槽里，然后再用通过拧紧螺丝增大侧向摩擦力来固定瞄具。在这种导轨上安装附件时非常方便，不需要额外在枪身上钻孔拧螺丝，而且因为导轨在加工时更容易保持笔直，因此只要附件工艺合格，就能够保证底部固定为直角，并基本上确保前后镜环的完美对齐。因为这种凹槽后来受到木工常用的楔形榫（鸠尾榫）启发，横截面常常被做成倒梯形，颇似展开的鸟尾，所以被称为燕尾式导轨。

2. 非燕尾式导轨

燕尾式导轨并不是唯一一种导轨，其他形状的导轨还有很多，只不过通常不用于固定瞄具而已。例如，用来固定脚架和背带的丁字槽安许茨导轨，也称国际射联导轨。此外，还有光学器具名厂流波——史蒂文斯公司拥有专利的非导轨式 STD（标准）系列，其采用插入＋旋转的锁定机制设计技术，据说非常牢固，并且后环可以微调校正横向风偏。

3. 韦弗式导轨

韦弗式导轨是将旧式燕尾槽加宽至约 15.7 毫米，并把原来的锐角边棱改成了下倾斜面以增加有效附着面积，使横截面从倒梯形变成了宽扁的六边形。新导轨上方开有横槽，以便附件可以用横向螺丝加紧辅助固定。韦弗式导轨虽然固定性优于之前的燕尾式导轨，并且不同厂家品牌间的兼容性相对更好，但缺乏市场统一标准，各大厂家自行生产出的产品尺寸不一，无法兼容所有变化。此外，当时的韦弗附件普遍缺少侧向风偏校正的功能，中远程精确度因此受到影响；韦弗式虽然有横槽协助固定，但是因为横槽间距没有标准化，加上槽宽较窄，附件即使有横向螺丝却因为太粗或者和横槽位置不匹配而无法使用。这意味着韦弗式导轨在遇到后坐大的射击情况时，会因震动使整个瞄具发生轻微偏转，稳固性反而逊于流波的非导轨设计。

4. 皮卡汀尼式导轨

皮卡汀尼式导轨与韦弗式导轨虽然形状相似，但是却具有非常严格的尺寸和公差标准。皮卡汀尼式导轨的普及大大改善了西方军队不同配件之间的兼容性，并且提高了使用效率。至今，皮卡汀尼式导轨已经成为北约国家普遍使用的标准枪械配件，北美民间的枪械市场也逐渐被皮卡汀尼式导轨占据了主导地位。

5. 北约导轨

北约导轨其实与皮卡汀尼式导轨形态上大致相同，仅在技术上有细微差别，其生产参数规格全部由英制单位改为公制。两者在设计技术上也有区别，皮卡汀尼式导轨依赖横向施压，产生的摩擦力主要作用在两侧的棱面上；北约导轨则将侧向压力部分转为垂直，从而可以充分利用导轨顶面提供的摩擦力。

北约导轨

步枪上采用的燕尾式导轨

韦弗式导轨

→ 皮卡汀尼导轨有什么作用

20 世纪 80 年代，随着布基胶带的发明和战术需求的变化，美国等国家把战术电筒开始作为应急照明装置配发给士兵，战术电筒虽然给夜战带来了方便，但使操作者容易暴露，因为电筒发出的耀眼白光太明显，而且最初配发的电筒使用起来比较笨拙，开、关起来也很麻烦。

随着技术的进步，零视差的 M68CCO 内红点瞄准镜在 20 世纪 90 年代开始大量配发部队。之后，AN/PEQ-2 红外激光指示 / 照准器也同时出现，它基本解决了夜战瞄准问题。装备这种装置以后，射手只需要把瞄准器发出的红点投射到目标上，然后扣动扳机就行了。余下的事由子弹的动能来完成。这些装置出现后所带来的问题就是：应该把它们放在轻武器的什么部位？用布基胶带固定它们时，如何不掩盖住某些重要部件（如抛壳口）？

因此，导轨系统应运而生。美国皮卡汀尼军火公司发明的皮卡汀尼附件导轨系统（美军标准 MIL-STD 1913）使射手可以按需装配武器，以满足不同环境条件的要求。导轨系统最初是为大口径步枪设计的，以方便其安装光学精确瞄准装置，但之后又发现，除了瞄准镜，在导轨系统上还能安置多种附件，诸如激光指示 / 照准器、电筒、脚架、卡口固定件、备用武器瞄准器和近战用的定制把手等。

皮卡汀尼导轨的名字源自最先测试它的美国皮卡汀尼军火公司，并以此来区别与其他的导轨的不同，包括一系列凸起横截面呈 T 字形，凸起之间是平滑的缺口，凸起高度为 3 毫米，凸起宽度为 4.78 毫米，缺口宽度为 5.23 毫米。

皮卡汀尼导轨最先装配在美军 M4 卡宾枪上，与传统的只能安装一种瞄具的导轨不同，皮卡汀尼在纵向导轨上加工出一排均匀的横向槽，方便定位、锁紧，这不仅对安装瞄准镜这样精度较高的瞄具更加有益，而且皮卡汀尼的纵向装镜、横向定位、锁紧方式还可在一条导轨上灵活安装多种瞄具，并使安上去的瞄具或附件如原枪配件般地固定在枪上。

由于皮卡汀尼导轨标准统一、结构灵活，不仅能将导轨加装在自动步枪机匣上面，还可加装在前护木的上、下、左、右四面，能妥善合理地将白光瞄准镜、夜视瞄准镜、战术灯、激光红点照准器、摄像头、前握把、两脚架等附件配置在枪的前护木四周，使有限的空间得到合理利用，提高了自动步枪的人机工效性。

皮卡汀尼导轨

安装皮卡汀尼导轨的 HK G28 狙击步枪

伯莱塔 90two 半自动手枪的整合式皮卡汀尼导轨底部

→ 枪械握把有哪些类型

枪械握把主要用于握持枪械、方便发射和操控枪械，并提高射击准确度及稳定性，分散后坐力。由于人手的大小、手掌的丰满程度，以及握持枪支的使用习惯、左右手都存在个体的差异等诸多因素，导致使用者对采用固定式握把枪械的操控要求不同，固定式握把无法满足所有使用者使用枪支时的需求。因此，为满足枪支爱好者和射击运动员使用枪支的需求，需要根据使用者的手形、握持习惯等定制不同的握把，特别是精确射击者和射击爱好者需求强烈，如狙击手、竞技运动员等。在现代战场上，常见的枪械握把有以下几类。

1. 手枪式握把

手枪式握把是一种外形凸出的握把，通常安装在枪械运作机构的下方，用途是让射手能够以更垂直的角度握持，就像握持一把常见的现代手枪一样。一般步枪或霰弹枪是不具备手枪式握把的，它们通常有一个与木制枪托一体化的握把；而大部分新型自动步枪和冲锋枪等火器则通常设有手枪式握把。手枪式握把也具有多种额外功能，如在半自动手枪和包络式枪栓冲锋枪上用来安装弹匣，或用作储存小型工具等。

2. 三角形前握把

三角形前握把是一种可以安装在枪械护木上提供额外稳定功能的辅助握把。该类前握把可使操作者将手掌放置在前握把的时候，拇指在枪械顶端推动向下，在使用"拇指压枪管"射击姿势的时候比紧握护木或垂直前握把更为自然。

3. 宽型前握把

宽型前握把是一种可以提供类似三角形前握把功能的前握把类枪械附件。该类前握把是垂直前握把的缩短型版本，它在人体工学与武器掌控性之间获得某种平衡，主要目的是在枪口向前移动时保护射手的手。

采用三角形前握把的 AR-15 步枪

采用宽型前握把的 HK MP5 冲锋枪

采用手枪式握把的 IWI X95 突击步枪

→ 枪口制退器有什么作用

枪口制退器是一种减小枪口后坐能量的枪口装置，是一种不常见的设备。多数枪械因为枪口动能有限，后坐力不大，一般不需要枪口制退器。例如 AR-15 步枪的枪口设备，实际上是减弱枪口焰用的消焰器，只用以降低发射时的光亮特征。

制退器后喷的火药燃气能产生较大的冲击波、声响和火焰，对射手容易造成伤害，故在手持式枪械上较少使用，多用于大口径机枪。如果装在步枪枪口，用来将部分排出的废气改向转向后喷，提供向枪口前方的推力，可以抵消部分后坐力，但枪口向两旁的喷气以及噪声都会增加。

制退器的作用原理是以不同的结构形式控制后效期内火药燃气经中央弹孔与侧孔的流量比；控制侧孔气流的方向和速度，以动量传递的方式减小火药燃气对枪械的后坐能量。制退器的作用大小通常以制退器的效率来评价，制退器减小后坐能量的百分比称为能量效率，减小后坐冲量的百分比称为冲量效率。

根据工作原理，制退器可分为两大类型，即冲击式制退器和反作用式制退器。冲击式制退器利用较大的制退室和反射面，使膨胀的火药燃气冲击反射面，并使部分气流折转经侧孔排出，从而提供制退力。为进一步利用中央弹孔流出的气流能量，还有做成双室或多室的。反作用式制退器的结构特点是具有较小的制退室直径和足够的侧孔面积。当火药燃气经枪口进入制退室后，由于膨胀力较小，室内可以保持较大压力，除部分燃气从中央弹孔流出外，其余燃气则从侧孔加速排出，从而获得制退力。

装备枪口制退器的 FR-12.7 狙击步枪

装备枪口制退器的巴雷特 M82 狙击步枪

→ 消焰器的种类有哪些

消焰器指枪口的部位发射时减少枪口火光的装置。枪口安装消焰器后，一部分没燃尽的火药微粒流入消焰器内被燃烧，因此减少了一次焰；同时氧化不完全的气体在消焰器内，使二次焰在消焰器内部形成，不致暴露在外界，以达到隐蔽自己的目的。

按照消焰器的结构特点，可将消焰器大致分为以下几种。

1. 锥形遮光罩

这是一种圆锥角大而体形较短的锥形膛口装置。由于圆锥张角大，使出口的火药燃气膨胀度增大，压力、温度下降增快，因而减小了初次焰和膛口辉光。但也因其锥角大、尺寸短，使消焰器出口处产生了较强的激波，反而加大了中间焰和二次焰。由于其消焰效果不佳，后来被锥形消焰器所取代。

2. 锥形消焰器

锥形消焰器的结构与锥形遮光罩看似相同，但其圆锥角较小，锥形尺寸较长，这从根本上克服了锥形遮光罩的缺点。因激波强度与膛口出口的锥度有关，出口锥角越大，产生的激波越强，激波波阵面后的温度也越高，压力也越大，因而对消焰不利。实验证明，当锥角为 $8°\sim 20°$ 时对激波的影响较小，因此过去的锥形消焰器的锥角一般都在这个范围内。由于消焰器的锥度有限制，长度也不能太长，为了增加膨胀度，增强消焰效果，因而在消焰器侧壁上增开了许多小孔，使部分气流自侧孔排出，这样就加大了总的膨胀度。

3. 圆柱形消焰器

圆柱形消焰器因内截面积较大，故燃气能充分膨胀，温度容易降低，这是对消焰有利的一面；但火药燃气从枪口进入消焰器后会突然膨胀，容易产生激波，而且截面越大激波越强，消焰不利。因此，要合理选择内径尺寸。为了改善消焰效果和减小内截面，有的圆柱形消焰器在侧壁上增开了长槽或孔洞，这样消焰效果比较理想。

4. 筒形消焰器

在圆柱形消焰器的底部开有向后的通气道，这种前后贯通的消焰器就叫筒形消焰器。不在侧面开孔，而在底部开孔，是为了避免双炮管上两个消焰器排出气流的相互干扰，从而影响射击精度。这种消焰器也是通过改变燃气的膨胀度和流向，控制激波强度，以达到减小中间焰和二次焰的目的，但这样容易点燃消焰器筒内的混合气体，增大初次焰，所以消焰效果不够理想。

5. 叉形消焰器

叉形消焰器是二战后发展起来的，其内腔一般有锥形过渡段，内角约为 20°，叉的数目必须是奇数，以免产生共振。火药燃气在叉形消焰器中先经锥形段稳定膨胀，再经圆内腔和若干条缝槽连续膨胀，后经侧孔和前孔流出。这样可控制燃气的膨胀速度和流量，削弱激波，有效地消减中间焰和二次焰。适当选择叉条和缝槽的尺寸及方位，还可使消焰器兼有制退和防跳的作用。

6. 组合式消焰器

组合式消焰器是二战后出现的新型消焰器，其将上述几类消焰器其中两种或两种以上的结构形式综合运用，故称为组合式消焰器。这类消焰器一般兼有制退、防跳或消声的功能。

筒形消焰器

带有叉形消焰器的 AR-10 步枪

带有锥形消焰器的 5 号 Mk I 步枪

→ 现代战场，枪械保留刺刀还有何用

刺刀最早在 16 世纪出现。当时已经组成了使用火绳枪的枪兵队，而因为火枪为单发射击之故，在射击与射击间容易受到敌方步兵与骑兵的突击，在敌方突击时仅有枪托作为防身钝器的火枪兵太过无力。因此，当时的火枪兵身旁常有手持长枪的枪兵负责保护。而装备刺刀的火枪兵却可以单独面对敌方的步兵与骑兵，所以将枪兵训练为火枪兵，编制出全员皆为火枪兵的部队，可以大幅提升战斗力。

到了 18 世纪，刺刀突击在各个战场上获得了相当惊人的效果。

在一战中，虽然初期已经有刺刀突击这样的作战方式，但在机枪登场后，防御火力爆炸性地增强，正面的刺刀突击不但伤亡惨重，也难以突破阵线。此后随着阵地战转变为渗透与装甲突破，刺刀突击的时代宣告终结。过去颇具威力的刺刀也因为突击步枪与冲锋枪的普及而逐渐弱化。

到了二战时期，随着坦克、火炮等重型武器的广泛使用，步枪本身的作用和地位明显下降，使用刺刀的机会就更少了。战后，刺刀的发展进入了低潮，一些人甚至主张干脆取消刺刀。20 世纪 70 年代，美国陆军甚至取消了刺刀训练科目。

20 世纪 80 年代以后，刺刀又重新受到各国军队的重视，英、美等国研制并装备了新式刺刀。新式刺刀在保留拼杀功能的同时，还兼具多种功能，除了能刺、切、割、锯外，还可以剪铁丝、开罐头、拧螺钉等。与此同时，供空军、海军、特种兵等诸兵种使用的多功能匕首也得到了发展。现代刺刀除了近距离防御、仪仗队使用外，还作为工具刀使用。

因此，尽管现代步兵枪械的发射方式已经自动化，军刺的作用正在下降，但许多国家的军队，却依然保留了刺刀。

19 世纪火枪使用的前装插座式刺刀

1875 年适配于卡宾枪的刺刀

241

二战期间装备刺刀的李·恩菲尔德步枪

法国仪仗队持有装备刺刀的 FAMAS 步枪

→ 刺刀是如何安装在步枪上的

刺刀在 17 世纪中叶的进一步发展导致刺刀冲锋成为 19 世纪和 20 世纪的主要步兵战术。刺刀由刀体和刀柄两部分构成。按形状可分为片形和菱形两种。按与步枪连接方式又可分为能从枪上取下装入刀鞘携行的分离式和铰接于枪侧的折叠式两种。分离式刺刀多呈片形，有的刀背刻有锯齿，并能与金属刀鞘连接构成剪刀，具有多种功能。

二战时期，将刺刀安装在步枪上并不是一件简单的事。以日本三八式步枪上的 30 式刺刀为例，该刺刀刀身截面形状呈尖锐的倒三角形，两侧铣有血槽，其作用是刺入人体后，使血液迅速沿槽流出，以方便拔出刺刀。其护手为整体件，上端有枪口套环，下端早期型号有护手钩，后期型号下端为直型，刀柄末端为鸟头形金属件，称为刀把头，是刺刀的闭锁机构，其上部有 1 条 T 形长槽，用以和枪管下方的刺刀座相连接。刀把头右侧是有弹簧控制的活动卡榫，上刺刀时卡榫可以卡在刺刀座上，起到固定刺刀的作用；卸刺刀时，压下刀把头左侧的圆形按钮，使卡榫缩回，就可以将刺刀向前推出。

刺刀座是大多数军事鸟铳、步枪和霰弹枪，以及一部分民用长管枪械的标准配置，用于连接刺形或匕首形状的刺刀。刺刀座是一种金属支架，用以将刺刀锁定在武器上或为刺刀提供支撑，因此当刺刀穿刺对象时，刺刀不会移动或向后滑动。

在刺刀座发明之前，使用的是填塞型刺刀，即把紧身的刀柄塞在鸟铳口的末端，这实际上导致鸟铳几乎物无所用，而且还妨碍鸟铳的击发。但是到了 17 世纪末期，这类刺刀被完全淘汰，随后被插座式刺刀取代。它将刀身偏向侧面，或是刚好在上方或下方凸出，以偏离枪口。然后插座式刺刀被按扣和刺刀座所取代。刺刀座通常位于鸟铳、步枪或其他长枪枪管的枪口末端附近。如果刺刀座兼用作准星座，会将其设在枪管的顶部；但更常见的是将其安装在枪管的侧边或底部。

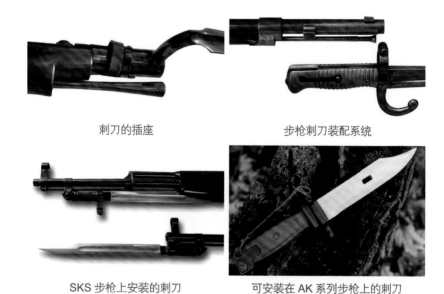

刺刀的插座

步枪刺刀装配系统

SKS步枪上安装的刺刀

可安装在AK系列步枪上的刺刀

→ 如何判定战术灯的可靠性

战术灯是一款与枪械一并使用的手电筒，以协助使用者在光亮度不佳的环境识别目标，让射手、执法人员或士兵以武器瞄准目标。战术灯既可手持，也可安装在武器上，光源与枪膛相互平行。由于战术灯旨在用于可能会使用致命武力的情况，因此其可靠性非常重要。

1. 电池

由于一次性锂电池保质期长、比能量高以及电池会在使用期间逐渐电压衰减，因此成为战术灯所配用的电源。碱性电池也具有保质期适中与初始成本较低的优点，但在需要高昂电流消耗的强烈灯光下，碱性电池的内部电阻较高会导致其有效容量下降。随着放电速率的增加，其内阻会浪费大部分电池能量。而相对地锂电池的内部电阻较低，因此，当需要相对于额定容量的高放电率时，锂电池通常是首选。而且锂电池在寒冷的天气条件也比碱性电池供电性能更强，高质量锂电池也比碱电池更不容易泄漏其电解液。

可充电电池，比如镍氢电池和镍镉电池，对于使用量大的照明枪灯而言是最经济的选择。但两者都比碱性电池和锂电池容量流失更快，这限制了可充电电池在频繁使用中的运用。而使用锂离子电池或低自放电型镍氢电池，可延长用于战术灯的可充电电池的保质期。多款新型战术灯具有以 USB 电缆充电的能力。

2. 灯泡

战术灯根据所需的光输出和电池寿命，必须使用高性能灯泡，比如氙气灯泡或大功率 LED 灯泡。LED 可提供最长的电池寿命，亦大大增加了 LED 的光输出。虽然氙气灯泡可以提供最亮的光源，但最新的大功率 LED 比类似的氙气白炽灯更光亮更高效。最重要的是 LED 灯泡由于其内部构造，能够避免因枪械开火时的后坐力而导致灯丝断裂。近年来，在高勒克斯，大功率的白光 LED 已经引发生产更明亮而且更节能的战术灯的风潮。

3. 照明类型

战术灯可以配备透镜以发出某种颜色，这种设计提供了可用于不同用途的灵活性。红灯对执法机关人员而言是保护夜视镜时最好的灯种，因为它们对眼睛中的视杆细胞的影响最小，而蓝光则可为检测血液提供高对比度。只有借助夜视镜才能看到红外光谱中的光线，使操作者对目标清晰可见。有一部分战术灯型号与激光瞄准器结合，可以组成多功能组件，能够在光亮度低的环境中瞄准、照明或是两者兼备。

安装在枪管下的战术灯

战术灯及其配件

战术灯在昏暗环境中的靶场

→ 手枪的枪套有哪几种类型

手枪枪套可以分为几大类：日常携带型、战术/作战型和礼仪型。从材料上来说，一般可分为皮质、佳德板或 K 板以及尼龙等。

皮质枪套在美国具有悠久的历史，更是品位的象征。很多皮质枪套都是用珍贵的动物皮手工制作。一个好的皮质枪套可以卖到数百美元，需要数周甚至数个月的时间制作，当然也有很多便宜的批量生产的皮质枪套。总体来说，皮质枪套需要保养，对手枪表面处理的磨损会相对大一些且时间久了会大，从而产生安全问题，即收枪时枪套有可能会挡住扳机，导致走火。

K 板枪套在近些年非常流行，其最大的优点是就会变软，非常容易制造，对技术几乎没有要求，可以为任何东西做携带套，不光是枪，包括弹匣、手铐、止血带等都可以。K 板也比普通枪套更轻、更薄、更适合日常隐藏携枪。因为做工简单，方便制作，原料便宜，所以 K 板枪套整体价格会低很多。一般的 K 板枪套只要 15 ~ 30 美元就能买到。大牌子或者一些设计比较独特的 K 板枪套能卖到 60 ~ 90 美元。一些定制的 K 板枪套则可以卖到 100 ~ 150 美元。

战术/作战型枪套的特点在于其使用的塑料更厚，能更好地保护手枪。而且携带方式多样，可以挂在腿上，带在战术腰带上或者绑在战术背心的 MOLLE 织带上。同时这类枪套会采用一级、二级、三级保护技术。具体一个枪套使用几级保护技术并没有一个明确的标准，每个公司使用的标准不一样。一般来讲，每增加一级保护即增加了一道机械程序来锁住手枪。一级一般被认为是靠摩擦力锁住手枪，二级一般通过按钮释放，三级则会在这个基础上增加一个按钮释放锁或者盖子保护手枪不会掉出来。

礼仪型枪套一般使用漆皮制作，简单地使用摩擦力来锁住手枪。比如美国无名将士墓的军官会携带礼仪型枪套。除了正式场合以外，礼仪型枪套还是一种等级的象征，体现着军官的级别。

第 5 章

皮质手枪套

K 板枪套

战术 / 作战型枪套

→ 普通士兵为何大多不配发手枪

现在的美军士兵，如果级别不够就不能配发手枪，不过也有些士兵会自掏腰包买一把手枪防身。在战场上，大部分普通士兵只会配备步枪，步枪的有效杀伤距离往往在 400 米以上，也就是说，当敌人接近到 400 米的距离时，就已经可以使用步枪进行射杀了。而敌人在 400 米内靠近的过程中，依然可以用步枪进行射击，即使敌人突到面前，也可以使用步枪自带的刺刀进行近距离作战。如果需要进行逐屋扫荡，步枪依然是最好的武器。因此，步枪是一种远、近距离都可以使用的通用性武器。

此外，手枪有四个缺陷，即威力低、效率差、不够准确、出枪速度慢。手枪看似简单便携，其使用技巧远复杂于步枪。手枪射击有一个伸出动作来用保证射击稳定，在步枪上是不需要这个动作的。若是以躯干为轴心进行运动，为了提高命中率，其射击半径则大于步枪。运动射击和实战射击最大的区别在于，前者完全不用考虑自身的安全问题。在高强度、快节奏的战场对抗中，火力中断就意味着死亡。因此，在所有类型的枪械中，步枪的平衡性和全能性无出其右。

还有质量问题，别看手枪看上去比较小巧，但全套的手枪质量并不轻。全套的手枪包括手枪、枪套、2 ～ 3 个弹匣及一根通条。这些质量加在一起接近 2 千克，这对于全部负重 20 多千克的士兵来说是有较大影响的。经验丰富的老兵们，往往会把手枪的位置腾出来，多带一两个步枪弹匣。就连负责蹲点的狙击小组也不会携带其他枪械，如冲锋枪或霰弹枪等，他们需要的是各种观瞄和通信设备。

普通士兵通常以小组为单位集体行动，近距离交火的机会非常少，近距离狭窄区域交火的机会更少，在执行战斗任务时用到手枪的机会极罕见。相对而言，特种部队官兵由于任务的特殊性，手枪是必配的。

因此，并不是说手枪没有用，只是在大规模野战中一名普通的步枪手，没有必要配发手枪。在战场上，多带几颗手榴弹，也要比一支十几米外就打不准的手枪有用得多。

士兵正在使用手枪进行射击

瓦尔特 PPQ 半自动手枪

榴弹机枪有什么作用

美军 MK-19 型 40 毫米自动榴弹发射器，也可以叫作榴弹机枪。早年间美军研制榴弹机枪的目的，是要在营级作战分队当中装备一种大口径重机枪和迫击炮之间火力衔接的武器。这种武器既可以直射打击半永备工事、轻装甲目标，也可以仰角曲射进行密集的火力覆盖。

MK-19 榴弹机枪所使用的 40 毫米榴弹，主要弹种有两种，即破片式人员杀伤弹和破片式破甲弹。反轻装甲破甲弹的破甲深度为 30 毫米厚均质钢板，现代的步兵战车都会被击穿，除非外挂反应装甲。

榴弹机枪的巨大使用价值和威力早已经被世界军事强国所认同，这种武器从诞生到现在也有半个多世纪的时间了，目前，各军事大国对于榴弹机枪的改进主要集中在增加各种各样观察瞄准器材上，使榴弹机枪可以不分昼夜，在任何气象条件下都可以中远距离发现目标，只有这样才能更好地发挥出它的使用效能。精确的观瞄器材和精加工出来的弹药、强烈的爆炸威力必定能使其成为优秀的武器装备。

另外一个改进措施就是完善它所使用的弹种，使它们的威力更大、破甲更深、杀伤弹片更加均匀。有的国家甚至还出现了专用的狙杀榴弹，就是制造出尺寸和重量更加精确的杀伤弹，并且增加发射药的装填量，这样会提高弹丸的推力和初速度，弹道会更加平直，有了这些改进，杀伤弹就可以很稳定地射出 1500 米以上的距离。榴弹机枪今后还会继续发展，并将与迫击炮、大口径机枪构成火力的核心。

搭在三脚架上的 MK-19 榴弹机枪

士兵使用 MK-19 榴弹机枪进行射击

海军陆战队士兵使用 MK-19 榴弹机枪执行作战任务

→ 枪榴弹发射器未来需要进行哪些改进

目前，世界上有 40 多个国家的军队装备有枪榴弹。20 世纪 80 年代中期，由于比利时伸缩式枪榴弹的出现，美军对使用枪榴弹的态度也有所改变。1987—1990 年，美国海军陆战队还完成了新枪榴弹的试验鉴定和定型，并开始列装。西欧一些国家是发展和装备枪榴弹最多、最广的国家，其中以比利时、法国最为突出。这些国家的军队现装备使用的主要是 40 毫米枪榴弹系列。另外，以色列对枪榴弹的发展也很重视，新近推出了 IMIBT 枪榴弹系列。

枪榴弹由于受到体积和质量的限制，故新材料、新原理、新结构、新技术在枪榴弹上的应用显得格外重要。为了适应战场的需要，枪榴弹在未来仍然有适当改进的空间。

1. 弹体质量减轻，弹种系列化

减轻弹体质量、增大威力是枪榴弹改进设计的唯一目的，而关键唯一战斗部结构的改进和新材料的应用，通过合理调整弹体质量、威力与后坐力三者之间的关系，使枪榴弹获得最佳作战效果。另外，为了满足步兵在未来战场上对各种目标发动攻击的需要，枪榴弹正在向着弹种系列化的方向发展。弹种系列化不仅可为步兵完成各种不同战斗任务创造条件，而且还可以给生产、使用、储存、后勤供应带来极大便利。

2. 采用实弹发射方式，简化操作程序

枪榴弹发射空包弹不仅操作程序复杂，容易贻误战机，而且一旦误装实弹必将造成严重后果。因此，通过捕弹器发射实弹是枪榴弹发展的必由之路。捕弹器除了朝通用化、绝对安全型方向发展外，还开发了弹丸偏转器与其相结合的结构。

3. 改进发射方式，增大有效射程

枪榴弹采用实弹发射方式有许多优点，但由于各种枪榴弹的发射装药是一定的，当枪榴弹弹形和质量确定后，射程即为定值。因此，如何改进枪榴弹发射方式，提高枪榴弹的有效射程和射击精度是枪榴弹发展

的又一重大课题。利用火箭增程虽然可提高枪榴弹射程，但仍需解决后坐力大、弹体质量大和精度差的问题。

士兵使用带有枪榴弹发射器的 SG550 突击步枪

装上伯莱塔 GLX-160 枪榴弹发射器的伯莱塔 ARX-160 步枪

机枪架上脚架会有多准

机枪安装脚架是出于战术需要，比如枪管比步枪长、比步枪重、连发跳动大、不容易握持等。因此，机枪在射击时一般都需要安装脚架，而且安装脚架后，精准度也会显著提高。机枪架在脚架上并不会比步枪射击基线更高，因为机枪脚架的高度刚好与两肘触地到枪的高度一样，与步枪两肘着地据枪的高度是一样的。因此，理论上机枪用两脚架射击基线与步枪基本一样高。

为了扩大射界，作战时一般需把机枪的脚架架在工事上，但这样会暴露机枪手的位置。如果把机枪脚架缩短，那么平射就十分困难。而且不管是平射还是高射或低射，都会破坏射手的正确射击姿势，大大降低了机枪射手的射击精度。因此，机枪的脚架要基本上与胳臂肘触地据枪一样高。

优秀的机枪射手能以脚架与枪管的连接点为轴，依靠双手的握持，利用枪身后坐力和往前少量的前后运动，使机枪连发时的大多数子弹都打在靶心上，同时还能平稳地左右摆动枪口扫射敌人。事实上，机枪射击的技术要比步枪、自动步枪更复杂，它除了射击瞄准的技术外，还要求射手的身体与机枪成为一个整体，两者协调地前后往复运动，使连发时大多数子弹准确地打在敌人身上。

当前机枪用的脚架通常有两脚架和三脚架。两脚架主要用于轻机枪，其以两脚架支撑可以进行抵肩射击。两脚架是轻机枪的重要组成部分，配备一副轻便的两脚架，可有效地提高轻机枪的机动性能；两脚架从折叠状态展开迅速，可缩短轻机枪的部署时间，快速进入射击状态，以赢得作战先机；使用高度可调的两脚架，可根据地形调节轻机枪射击的火线高度，增强轻机枪战场地形的适应能力。故设计一副轻便、展开迅速、火线高度可调的两脚架已成为轻机枪研发过程中必不可少的环节。一副强度与刚度满足工作要求、综合性能出色的两脚架是轻机枪射击稳定的可靠保障。

三脚架是由三条杆材组成的支撑结构。利用三角形的稳定性，三脚架可以使架于其上的物品获得一个稳定的支撑，而不易翻倒。通常三脚

第5章

架上也有方便设备进行俯仰、旋转的机关。三脚架一般用于通用机枪（作为固定机枪时）和重机枪，自动榴弹发射器和反坦克导弹等武器也同样可以使用。

使用三脚架的 XM312 重机枪

使用两脚架的 RPK 轻机枪

→ 护木与两脚架二合一的设计效果有多惊奇

2018 年 SHOT SHOW 现场，有多家武器制造商推出了全新的远程步枪，芬兰 Tikka 公司的 T3x Tac A1 就是其中最出色的一款。

远程步枪是一种很特别的枪械，它并非根据某种特殊型号，而是根据用途来定义的。这种步枪符合狩猎爱好者的要求，由于他们要步行很远的距离，所以对质量方面有比较苛刻的要求。另外，由于可能狩猎凶猛动物，射程需要尽可能远，对精度的要求也比较高。因此，远程步枪中的"远程"不仅有远射程，还有远途步行的含义。

由于远程步枪对精度要求比较高，所以机匣必须严密地安装到枪托内。通常采用聚合物制造的枪托中会装入铝质连接件，用来与机匣进行固定。Tac A1 的铝质枪托比聚合物材料枪托的同类型号有着先天的优势，但其只能安装 Tikka 的机匣，无法满足互换性的要求。有些枪迷可能更喜欢传统的枪托，但这种新型枪托可以满足快速调节的需求，而且由于现代高精度制造技术的普及，这种枪托并不像以往那样昂贵。

Tikka 的 T3x Tac A1 另一个优势就在于它并非采用了雷明顿 700 的克隆设计。雷明顿 700 的机匣用两个螺钉固定在枪托上，后部螺钉就在闭锁的枪机后部，因此，如果螺钉形状不对或是过度拧紧，就会导致枪机闭锁动作变形，引起精度误差。Tikka 采用了特殊的机匣设计技术，不存在这个问题。

T3x Tac A1 采用双排单进弹匣供弹，弹容量为 10 发，比类似的精准国际 AICS 弹匣短很多。由于 T3x Tac A1 为整体铝合金枪托，所以可以将弹匣稳固定位。尽管弹匣高度对于一般射手来说并不重要，但在野外射击时，就会觉得短一些的弹匣更方便操作。可以通过更换适配块的方式调节枪托长度，贴腮板可以通过两个拇指螺栓调节高度和位置。

按动拉机柄后方的一个小按钮，即可折叠枪托，这样可以极大地缩短携行长度。拧动枪托底板上的一个螺栓，可以调节枪托底板的垂直位置，这是一种非常实用的功能。因为远程步枪通常采用卧姿射击方式，需要特殊的枪托底板位置，以更好地与肩部贴合，减小可感后坐力的冲击。枪托下方有一小段皮卡汀尼导轨，可以安装独脚架作为长期瞄准的支撑。

T3x Tac A1 步枪前侧方视角

枪盒中的 T3x Tac A1 步枪

→ 无托步枪弹匣后置有什么讲究吗

二战结束后，各国纷纷将突击步枪作为军队的主力装备，其结构设计与制造工艺水平也不断提升。为了减轻士兵的负重并增强步枪的灵活性，枪械设计师巧妙地设计了无枪托结构步枪。

所谓无枪托结构并不是取消了步枪的枪托，而是将枪机组件、供弹系统等装置后移，步枪机匣直接抵肩，而不需要再单独设立传统的枪托。传统枪托的取消，既能为步枪减少一定的质量，还可以在不缩短枪管长度的前提下缩短枪支总长。相比有托结构步枪，无托结构步枪拥有更好的便携性。

无托结构步枪具有质量轻、长度短的优势，便于在装甲车等狭小空间内携带使用。不仅如此，无托结构步枪的握把位于弹匣前方，步枪的重心也往往会设置在握把或握把周边的位置，这样设计既能提升持枪动作的舒适感，还能允许射手在紧急情况下单手操纵步枪射击。即便是双手持枪，无托步枪的重心也比有托步枪的重心更靠近身体，方便快速瞄准射击。此外，无托结构步枪的抵肩部分是步枪机匣，与枪机组件在同一直线上，有利于提升射击精度。

无托结构步枪虽然有许多优势，但也存在一些难以避免的先天劣势。由于弹匣后置，使用无托结构步枪时非常不便于卧姿仰角射击。无托结构的枪机组件位于后方，如果子弹发射药燃烧不够彻底，会产生刺激性燃气干扰射手。无托步枪的抛壳口往往都非常贴近射手面部，不允许射手换左右手射击。此外，无托步枪还存在换弹匣慢的缺陷，需要射手进行大量的练习来弥补；无托步枪的枪托也不便于调节长度，需要额外加装调节装置。

随着研发技术的进一步提高，无托步枪的一些缺陷已在某种程度上得到了弥补。例如，改善枪支零部件的工艺，使用新型弹药，以减少发射药燃气对射手的刺激。将抛壳口设计为左右可调，射手可以根据自己的习惯设置左抛壳或者右抛壳，同时，还可改变抛壳的方向与角度，尽可能使抛出的弹壳避开射手。

尽管如此，无托结构步枪的一些缺陷仍旧是无法改变的，如弹匣后置对实际应用的干扰。另外，随着枪械制造与发射药工艺的进步，传统有托结构步枪能够承受的膛压越来越大，已经完全能够在不影响射程与精度的前提下缩短枪管，从而缩短枪支的整体长度。传统有托步枪同样具备了出色的便携性，并不会存在类似于无托结构步枪的先天缺陷，综合优势越来越大。

施泰尔 AUG 无托突击步枪

FN P90 无托冲锋枪

瓦尔特 WA 2000 无托狙击步枪

第6章
实际使用篇

　　在近百年大大小小的战争中，枪械的地位日益稳固，其装备数量远远超出其他任何类型武器。枪的发明和速射武器的出现彻底改变了近代战争的形态，高效的杀人武器使战争伤亡急速扩大，进而也推动了与战争相关的一切人类科技与活动的发展。

→ 概述

经过五六百年的发展，从最早期的突火枪到现代的自动枪械，枪械已经变得更轻便，更可靠，威力更大，精准度更高。可以说，现代枪械与早期枪械已不可同日而语。

现代战争模式已经由二战时大规模的集群作战转变为信息化高技术凝集度的快速战争。在战争初期，这种战争多以大规模空袭开始。利用这种低战损率，快速而又有效的方式率先清除地面或空中的重要武装目标。然后，以进攻多方向的装甲师与机械化步兵旅团为主的地面作战阶段开始。而在地面作战中，士兵多在装甲车中使用遥控枪塔对小目标进行攻击。事实上，在伊拉克战争中，当美军步兵进入巴格达的时候，所有的有组织武装抵抗几乎瓦解，而士兵走在装甲车外巡逻前进也几乎不会受到什么攻击。可以说，早期的高强度、多批次、多方向空袭已经彻底摧毁了伊军的武装力量。只有在占领巴格达进行战后重建时，受到武装游击的零散打击，士兵才会依赖手中的枪进行小规模的作战。也就是说，真正的大规模战争在初期是不会让士兵手持枪械承担主要攻击任务的，只有在小规模武装斗争，比如对抗游击兵或进行特别行动时，才会让士兵承担作战任务。鉴于此，未来枪械会向小型化、智能化、大威力方向发展，地位会向单兵自卫武器转变。士兵的主要武器是战机、装甲车，而只有在这些武器无法继续使用的情况下，枪械才会发挥作用。

现在技术成熟的枪械多采用无托结构，使用无壳弹。减小弹药尺寸，也有利于枪械向小型化发展。那么通过改变发射方式使枪械结构紧凑，也不失为一种方法。比如，完全摒弃现有的机械发射方式，应用电磁效应发射金属弹丸，这样就不需要发射药，也不需要复杂的机械结构，所需的只有一条电磁导轨和电源与电磁控制装置即可。采用此种方式发射，没有枪口火焰，因而在夜晚不会因发射后有火光而被发现；没有声音，因为不用发射药的爆炸而产生动力推进弹丸，所以不会使空气急速膨胀而发声，从而有利于隐蔽与突袭。但是受到现有技术的限制，这种发射方式在单兵武器上使用比较困难，主要问题在于高温超导材料与高能量密集度储能单元都未发明，从而制约了单兵武器的发展。

　　未来，随着科技的进步，新的材料的出现，将导弹小型化成枪弹，不仅可以提高士兵的生存力，还可以提高射击准确度。或者，摒弃传统的用金属弹丸撞击目标进行杀伤的方式，使用诸如激光、中子射线或者声波对有生目标进行杀伤，也可使之丧失战斗力。

　　随着新材料的不断问世，士兵的防护力也必将越来越强。威力较小的枪械，如手枪、微口径步枪对防护良好的步兵已无法做到有效的杀伤，因而未来枪械的威力扩大化也是一种发展趋势。随着人们对武器的更多需求，而在现有的武器改进空间已不是很大的前提，势必出现新的武器取代火器。未来的枪械，应该会在科技发展的基础上取得新的突破。

士兵小组在城市环境中执行作战

沙漠涂装的雷明顿 ACR 突击步枪

第 6 章

应用在飞机上的航空机枪

加利尔 ACE 突击步枪上方视角

→ 如何评估一把手枪的性能

　　手枪是一种短小但是威力非常不错的枪械，其威力虽然不能和步枪相比，但是因为其短小的身形非常方便携带。手枪广泛采用硬铝合金、工程塑料等新材料制造，并采用黑色磷化处理、铝合金表面喷涂、多边弧形膛线加工等新工艺，以及新型保险机构、野战分解卡榫、双排双进弹匣等，并在枪管前端加装消音器、激光指示器、战术照明灯等，以增强其可靠性和可维修性，提高杀伤力。要评估款手枪是否优良可以参考以下性能指标。

1. 准确度

枪后坐力的大小会影响发射精度。一把可以有效排出火药气体的枪械结构可以有效减小后坐力。例如，德国的 HK P7 手枪采用气体延迟式开闭锁机构，降低了后坐的振动，后坐力小而准度增加。较长的枪管也有利于提高精准度。

2. 耐用度

耐用度强的枪体必须结构简单，零件数目少，易于维修。在风沙、尘土、泥浆及水中等恶劣环境下也能正常运作。

3. 威力

枪的威力和子弹口径有莫大的关系。威力测试通常是在指定距离测量不同枪械对靶的穿透性。以色列沙漠之鹰型手枪的穿透力在手枪中首屈一指。

4. 人体适性

人体适性高的枪械在设计上应以人体工学为基础，以利于枪手使用为前提。在枪座的设计上，通常应使用防滑物料以防枪支甩手。而保险制、扳手应以方便为设计主线。当然，外观也会影响用户对枪支的感觉，金属感或复古味浓的枪支在枪械爱好者中往往有很高的评价。

柯尔特蟒蛇左轮手枪

FNFNP 半自动手枪

毛瑟 C96 手枪

→ 战场上一般各种枪械的备用弹匣是多少个

　　士兵的携弹量通常是根据作战任务配备的。城市环境和野外环境中的携弹量完全不同，因为士兵的负重是额定的，在野外作战时，需要带一定的野外生存装备，这样就只能减少弹药量。

　　如果是突击步枪，需要士兵身上带 5 个弹匣，枪上挂 1 个，共 6 个弹匣。另外，子弹袋里还另备 150 发散装子弹，若是小口径步枪就多带 50 发。狙击步枪手一般身上都是双枪：狙击步枪加手枪，手枪一般也就 2 ～ 3 个弹匣，没有散弹，主要用于自卫。狙击步枪一般带 50 ～ 70 发子弹。因为狙击步枪开枪的机会很少，子弹带多了反而成为累赘。除了枪械外，狙击手要带很多装备，比如狙击镜、望远镜、热成像仪和伪装服等，有了这些额外负重，就只能降低携弹量了。

　　每个国家的机枪手携弹量不一样。以美国为例，士兵携带的枪上挂一个弹簧，如果弹箱是 200 发的，自己就只带一个弹箱，如果弹箱是 100 发的，就带两个。因为机枪弹比步枪弹更重，所以看起来机枪手的子弹量要比步枪手更少些。但在真正的战场上，机枪手的子弹主要是靠副射手携带，副射手本身是不带武器的，专门负责给主机枪手背子弹、枪管。副射手身上至少有 500 发子弹和 1 根枪管。总体来说，一挺班用机枪可用的子弹最少为 1000 发。

　　目前，冲锋枪主要装备各国警察。警用冲锋枪只有 1 个弹匣，除非特殊情况才允许加到 3 个弹匣。而特种部队则是根据作战任务配备，只要条件许可，能带多少就带多少。

斯登冲锋枪及配件

M1919 重机枪及弹链

副射手给机枪更换弹链

→ 士兵战场上备用武器为何是"半自动手枪"，而不是全自动冲锋手枪

作战部队以步兵为例，士兵基本都配备有自动步枪，而没有装备手枪。这是因为自动步枪稳定性好、精度高、造价低，在性能方面比较优异，且完全可以代替手枪的功能。另外，作战部队都是大规模作战，基本上用不上手枪，但是一些指挥官、侦察兵、警卫员、后线人员会配备手枪作为自卫武器来使用。

士兵作战时持有的主要轻武器为长枪管的突击步枪，或者在城市巷战攻坚时持有的短管卡宾枪，又或者是把特种冲锋枪作为主要的近战武器，这类武器在火力强大和持续性上本来就比冲锋手枪短射程的停止作用强大得多。

全自动冲锋手枪作为自动武器，只有使用在特种部队或有些海豹和三角洲部队退役的专业特等射手中，才能发挥出短中距离单点连发的最高杀伤作用。因此，大部分士兵都把半自动手枪作为最后的求生工具来护卫自己，在战争中极少用得上。士兵如果配发全自动冲锋手枪，其高射速意味着又要多带二三百发子弹，如此那就得不偿失了。

HKVP70 冲锋手枪

全自动冲锋手枪目前只装备警察，作战部队使用的自动步枪都具有全自动冲锋枪的性能，而且射程和穿甲能力更好，所以部队不会配置全自动冲锋手枪。

格洛克 18 全自动手枪

→ 各国不喜欢用无托枪的原因是什么

20 世纪 70 年代末，无托结构在全世界被广泛用于小口径枪族。尽管各国开发的无托枪已有数十种之多，但各国配备给野战步兵的步枪却依然是有托枪。相比有托枪，无托枪全枪重心在水平方向上接近握把后方，射手持枪瞄准方便，不易疲劳。必要时可单手射击，有利于战士腾出一只手来完成诸如投掷手榴弹、驾驶车辆等其他任务。尽管如此，无托枪还是存在很多不足。

首先，无托枪不能很好解决握把、提把与光学瞄具之间的矛盾。为便于单手携行，很多无托枪都设置了提把。但是，扳机、握把上方正好是通常安装瞄具的地方，两者位置发生了冲突，因而无托枪的瞄具又不得不移到提把顶面，因此带来了瞄准线过高的缺点。如果把光电瞄具装于无托枪提把之上，不但瞄准线升得更高，而且枪身高度增加，外形更不紧凑，提把的携行功能也被消除。即便如此，由于提把长度有限，多个光电瞄具还不能组合使用。对此，有些国家如奥地利、新加坡采取补救措施，把望远式瞄准镜与提把结合成一体，但这并未从根本上解决问题。因此，有的国家索性取消提把，加装光电瞄具导轨，如法国的 FAMAS 改进型，但这样一来，单手携行不便的缺陷就更为突出了。

其次，无托枪枪身后部都非常宽厚，单手不能有力握持，因此，无托步枪基本不具备非射击杀伤功能，比如用枪托击打对手。尽管这些克敌招数在现代的作用有所减弱，但并不能说这些功能可以被取消。

最后，无托结构用于轻机枪其性能仍然不尽如人意。轻机枪在卧姿射击时，如果地面坑洼不平，机枪脚架和射手肘部很可能不在同一水平面上，这就需要射手靠手肘内收或外张来调整。无托轻机枪的扳机、握把在弹鼓前面，而弹鼓的直径和厚度都较大，必然限制射手手臂的内收角度，影响射手身体高度的调整。

FAMAS 无托突击步枪

Kel-TecRFB 无托步枪

→ 枪口初速能否衡量枪械威力大小

枪口初速度是武器发射时由发射药燃烧后产生的燃气膨胀速度所决定的。枪口初速度是衡量射击武器技术性能的一项重要指标，相同的弹头，初速度越大、飞行距离越远、动能越大，飞达目标的时间越短。枪械作为发射器，真正产生杀伤力的是弹头。

弹头所带有的高速度能对人体造成杀伤。所谓杀伤一般是指穿透力和远距离上的破坏力，以及停止作用多项因素的综合结果。然而枪口初速度并不是衡量枪械威力大小的唯一标准。子弹的初速度高并不一定代表着杀伤力就比较强。例如子弹的长径比，如果弹头的比例比较合理，那么杀伤力就会比较大，命中目标时能够对目标产生更大的空腔效应。除却弹头的比例，弹头的质量也与威力具有很大的关系，质量越大，一般破坏力就会越大，毕竟质量越大惯性越大。除此之外，还有很多类似于枪管的长度、膛线的切入角度，以及子弹的口径长度和装药量的多少，多种多样的因素都会影响枪弹的威力。但是通过这些因素判定枪弹威力都不如通过初速度去判定，因为相同初速的情况下，子弹的威力更直观一些。

如果枪口的初速度过高，它的后坐力相对也越大，人体很难进行控制。如果子弹的初速度过高，对于枪膛的要求也就越高，这样就会增加步枪的生产成本以及枪管的质量。而且高速旋转的弹头会与空气产生摩擦，如果一旦超过它的极限值，很容易发生较大的偏转。

两款不同手枪枪口特写

手枪射出子弹瞬间

士兵在战场上用机枪连续射击

→ 枪在水下也能射击吗

　　随着现代作战环境越来越复杂，水下作战已经无法避免，由战斗蛙人进行水下袭击也是一种隐蔽而有效的特种作战方式。为了对付战斗蛙人，通常的做法是训练特殊的反蛙人海豚或用蛙人来进行反蛙人作战。无论是作为攻击的一方还是防守的一方，蛙人传统的自卫武器都是潜水刀和梭镖枪。梭镖枪是一种用罐装压缩空气发射梭镖的装置，在水下发射的射程取决于其深度，在 5 米水深时约为 15 米左右，而在 40 米水深处时只有 5 米左右。梭镖枪的缺点是体积较大，携带不方便，而且一次只能打一发，装填速度慢。但传统枪弹在水下发射时射程极近，而且弹道不稳定，因为水的密度比空气大，普通武器在空气中可以直线击中几百上千米外的目标，但是在水中射击时，会因为液体的密度产生阻力，导致子弹在阻力作用下"跑偏"，而且射程也大打折扣。为了解决这个问题，各国都想办法开发出专门的武器装备。

20 世纪 60 年代后期，苏联中央精密机械研究所研制出专门的水下手枪，该枪被命名为 SPP-1。SPP-1 手该枪于 1971 年开始装备苏联海军的战斗蛙人部队。后来经过改进，重新定型为 SPP-1M。目前，SPP-1M 仍然用来装备俄罗斯海军特种部队，甚至出口至其他国家。

20 世纪 70 年代，苏联中央精密机械研究所又研制出命名为 APS 的水下突击步枪。APS 水下突击步枪是一款由 AK 系统衍生出来的水下枪支，采用导气式操作自动原理，回转式枪机，开膛待击。机匣左侧有一个保险 / 快慢机柄，可选择半自动或全自动射击。导气系统采用专利技术的自动调节导气箍，从而使该枪在水底或水面上也能正常工作。虽然 APS 水下突击步枪可在水面上使用，但只在紧急情况下才这样做。在空气中发射时会导致 APS 水下突击步枪的使用寿命急剧缩短，只能发射 180 ～ 200 发子弹（如果只在水下使用，寿命可达 2000 发）。因此，APS 水下突击步枪只有在水底下才是有用的。

APS 水下突击步枪的威力超过 SPP-1 手枪，但其体积较大，需要花较长时间瞄准，尤其是出水后枪管和大而扁平的弹匣内灌满了水时更影响摆动速度。因此，俄罗斯的战斗蛙人更喜欢在水下使用 SPP-1 手枪。

俄罗斯蛙人在水下使用 SPP-1 手枪

SPP-1 手枪上方视角

APS 水下突击步枪及子弹

蛙人使用 APS 水下突击步枪

→ 微声枪是在什么时候被广泛应用到实战中的

　　微声枪通常被称作无声枪，这款枪在发射时噪声很小，同时具有微光、微烟等特点，主要供侦察兵和特种作战部队使用。其结构与一般枪械类似，前端装有较粗的枪口消者器是明显的外部特征。枪口消音器多种多样，其消音原理通常是将膛内喷出的高压火药燃气封闭在消音筒内，设法消耗其能量，再缓慢排出枪外。但实际上，微声枪在射击时并非完全无声，而是声音微弱，即使是在寂静的环境中，一般也不会引起附近其他人的注意。它是突击、侦察、反恐怖分队不可缺少的特种武器。

　　1908 年，美国制造商和发明家 H·P·马克沁发明了世界上第一个枪用消音器，微声枪由此而诞生。马克沁喜欢安静环境，厌烦嘈杂声。为此他决心研制出能消除噪声的装置。马克沁认为，通过某种装置使枪弹击发时排出的气体作旋转运动，一定能充分消除噪声。1908 年，马克沁制造出第一个猎枪用消音器，使猎枪射击声大大减小。1908 年 3 月 25 日，马克沁获得这项发明的第一个专利。除此之外，马克沁还成功地研制了汽车使用的排气消音器，并将消音原理应用于安全阀、空气压缩机、鼓风机等的降噪声设备上。

　　1912 年，美国将马克沁的消音器加以改进，装在步枪上，制造出最早的微声步枪。后来又制成了微声手枪，供谍报人员和特种部队使用。然而，直到二战期间，微声枪才广泛用于实战。英国首先使用了德·里斯勒微声卡宾枪和斯登微声冲锋枪。后来，德国、美国也陆续使用了P08、P38 和威尔罗德微声手枪。

　　20 世纪末，苏联推出 PSS 7.62 毫米封闭式微声手枪，其采用在枪弹中加装活塞的方式消除武器噪声。射击时火药燃气通过推动活塞赋予弹丸一定的速度，而活塞则停留在弹壳内，起到密封火药气体、消除枪口噪声的作用。采用这种消声方式，弹丸的加速行程受到弹壳长度的限制，因而初速度较低，枪弹的无效质量较大。未来，微声枪将进一步减小其外形尺寸，适当提高有效射程。

斯登微声冲锋枪

威尔罗德微声手枪

PSS 微声手枪及子弹

→ 拐角处看不到敌人怎么办

由于中东各国经常遭到恐怖分子的袭扰，所以特种部队经常要在城市和房屋里面进行战斗。以色列作为中东国家，其国内的警察与特种部队自然要执行各式各样的作战任务。为了适应作战需求，2003年，以色列人阿莫斯·戈兰设计了一款拐弯枪射击武器系统，该系统由两个部分组成，前半部分是手枪和彩色摄像头，后半部分是枪托。该系统于2003年12月15日正式在以色列亮相，目前，正在世界各地的特种部队、军事部队和执法机构中使用。

"拐弯枪"系统是一种绕过拐角观察和射击目标的高技术武器系统，能够与世界上的大多数自动手枪装配使用。系统配置的高分辨率袖珍摄像机和监视器，使作战人员能够从各个有利位置观察目标。可拆卸式摄像机使部队在确定目标位置前可对目标区域进行扫描，并直接将观察到的信息立即发送给后面的作战部队或后方作战指挥所的监视器。由于作战人员可通过安装在"拐弯枪"后部的液晶显示监视器观察和瞄准，"拐弯枪"可精确部署于任何角落。

在现代作战环境中，尤其是在低强度冲突中，"拐弯枪"可使士兵不用暴露在敌方火力之下，并显著增强其收集信息和传送作战信息的能力，在敌人的瞄准线外定位并攻击目标。而且"拐弯枪"可向四周转动枪头，快速移动到射击位置，手不需要离开武器，从而缩短反应时间，提高突然交战时的射击精度。

在使用这款枪时，射击者无须暴露自己，隐蔽在墙角的一侧就能向另一侧射击，枪上设有摄像头和液晶显示器，可通它来观察敌情，再通过瞄准摄像头进行瞄准，尤其是在与持枪歹徒对峙时，可减少无谓的伤亡。

由于反恐作战的需要，在军事上对单兵战斗武器的要求越来越高，无论是在军队还是警队中应用"拐弯枪"枪，都可以提高士兵在近距离搏斗和城市战中的战斗力。在特殊的狙击作战时，"拐弯枪"上安上消音器，更是如虎添翼。

"拐弯枪"

士兵正在使用"拐弯枪"

装上消音器的"拐弯枪"

→ 为何很多士兵在用步枪射击时喜欢握着弹匣

现代军队中，对于步枪射击的姿势各国都有标准。在训练中，是不可以采用握弹匣射击的姿势的，但是在军演或是实战中，难免有紧握弹匣射击的现象。对于新兵来说，是由于无法克服内心的心紧张心理造成的，而对于老兵来说，这是快速换弹的一种有效方式，使用原因因人而异。

如今的突击步枪在使用的时候，都有标准的托把配件，采用相对稳定的射击姿态，可以获得最大限度的稳定和对人体软组织的保护，而紧握弹匣射击，不但会影响射击精度，还会受到后坐力冲击，对使用士兵造成伤害，而据实战数据来看，有超过40%的士兵有握弹匣射击的习惯。

对于新兵来说，标准的握把射击姿势是不符合人体结构学的。在紧急的状态下，人体的本能就是一只手扣扳机，一只手紧握弹匣，这样能在最短时间内帮助士兵克服初上战场或是初次射击时的恐惧心理。而对于久经沙场的老兵来说，会在 3 ～ 5 秒内打空弹匣内的子弹，在通过肩膀稳定射击枪支的前提下，一只手会握住弹匣射击，可以快速更换弹匣，增加火力的持续性。不管是为了克服障碍还是提高射击效率，紧握弹匣的射击方式是不被官方所允许的，但是在弹片横飞的战场上，持续的火力和坚韧的斗志，似乎远远比射击精度更加重要，因此在实战中，不会刻意挑剔士兵的射击姿势，士兵可以按照自己的喜好调整射击动作。

士兵在射击时握着步枪弹匣

特种士兵握着步枪弹匣进行射击

→ 美军在使用弹匣前为何喜欢在头盔上敲一下

随着科技不断发展，现代战争中使用的武器装备越来越多、越来越先进。尽管如此，在战场上，枪械依旧是重要的武器装备，几乎每个士兵都配有一把枪械。虽然枪械的杀伤力远不及坦克、战斗机，但是枪械结构简单，而且造价低廉，能够在任何作战环境中使用。

使用枪械就意味着要备弹，通常来说，普通士兵装备的子弹一般为150发左右，因为考虑质量的因素，一般在四五个弹匣之间。自动步枪的射速都非常快，所以在战场上换弹匣是一件非常频繁的事情。很多老兵为了节省子弹通常会采用点射的方式，在保证持续火力的同时又能提高准确性，所以说射速快的枪实用性能不一定就强。现在很多新型的枪械为了追求射速也融入了很多高科技，在高速射击的同时也会频繁换弹匣，而且在追求速度的同时也会降低精准度，浪费子弹，从而增加士兵的负担，影响作战效率。

我们常常可以在外国电影中看到有士兵在用弹匣之前喜欢在头盔上敲一下，这并不是导演精心设计的动作，而是在战场上实实在在发生的。这个动作看似不起眼，在战场上却有很大用处。

目前，战场上使用的枪械其弹匣多数都有一些弯曲，尽管也有一些弹匣是笔直的，但是并不多见。弹匣有弧度，在装填子弹的时候便很容易出现缝隙。如此一来，当士兵进行射击的时候，就有可能因为子弹无法对准枪膛，从而导致子弹卡壳，甚至炸膛。而在战场上出现炸膛是很危险的，士兵可能会因为炸膛而受伤，甚至有生命危险。就算没有造成重伤，士兵行军打仗，一般情况都是一人携带一支枪。而且手榴弹数量有限，一般也只够使用几次。而一旦枪械炸膛，则意味着士兵没有武器可以保护自己。此外，枪械炸膛声音很大，如果是在作战途中炸膛，不仅容易暴露自己的位置，还会连累整个部队被敌人袭击。

因此，在使用弹匣前在头盔上敲一下，不仅能够给士兵提个醒，还能将枪械里面的灰尘敲出来，防止子弹卡壳。

佩戴战术头盔的士兵　　　　　　　装备可拆式盒式弹匣的步枪

→ 士兵在战场上换弹匣时，会不会扔掉弹匣呢

　　在战场上，枪械一直都是战场的主导武器之一，是一场战役胜负的关键因素。当士兵在战斗时发现枪械没子弹就会更换弹匣，一般会将旧的弹匣卸下，再换上新的弹匣。我们在电视或电影中常看到士兵对弹匣进行更换的动作，但士兵如何对旧的弹匣进行处理却无从得知。

　　其实，弹匣就是快速装填子弹的一种辅助载具，有弯形、直条形、方仓形和直板形。弯形和直条形一般运用在手枪、冲锋枪和步枪上。而在如今的全自动步枪盛行时代，步枪大多以弹匣方式供弹，外部材质以金属或者塑料为主，弹匣容量普遍以 30 发居多，少数可以加大到 50 发，甚至 75 发、100 发。

　　此外，战场上士兵人手一枪，弹匣都是按照基数配置，剩下的都是没有弹匣的散弹，战争中的子弹除了士兵按基数携带的数量都装弹匣里，另外携带的都没有弹匣，弹匣和枪支同样是士兵的生命，缺一不可。在实战中，步兵一般携带一支制式全自动步枪，弹药量方面除了步枪本身携带的一个满弹弹匣之外，身上还会携带 4 ～ 6 个满弹步枪弹匣，从而在整体上确保子弹携带量达到 250 ～ 350 发。步兵使用自动步枪进行射击，绝大多数情况下都是以点射为主。

　　因此，在战场上士兵们都会将换下来的旧弹匣放在自己身上的口袋或弹药包里。战场上每个士兵都配有专门回收弹匣的袋子，等到作战结束之后再拿来清点。在战场上不会有士兵随意丢弃武器装备，除非情况紧急必须快速更换弹匣。

AR-15 步枪及配备的弹匣

步枪配备的弹匣

战场上的士兵怎样判断弹匣里的子弹是否快要打完了

在技术不发达的年代，很多士兵都是依靠自己的经验来判断弹匣还剩多少子弹，不同枪种的计算方法不同。对于狙击步枪，由于射速慢、战场相对缓和，战士很容易记住枪里面还有多少发子弹；对于机枪就更简单，因为子弹链是外露的，战士稍微用余光扫一下就知道什么时候需要补充弹链。最难记住的是冲锋枪和突击步枪，因为这两种枪的弹匣都不透明，而且经常要发起快速冲锋，经验丰富的老兵可以根据射速、步枪重量变化以及射击时间判断弹匣还剩多少发子弹。

为了避免战士对子弹数量的误判，枪支生产商会在弹匣上面留有观察孔，有些枪支甚至会设计采用聚合塑料透明弹匣，这样士兵只需要稍微瞄一下透明弹匣就可以知道剩余子弹数量，这可以让士兵专心地射击，从而提高战场生存率。还有一些枪支为了测量子弹余量，会为枪支装上专门的弹药电子计数器，战士只需要看电子计数器上的度数就可以知道还剩多少发子弹，不过这种设计不仅影响枪支性能，而且成本也很昂贵，不适合大批量装备部队，即使装备了，战士也可能不习惯使用。

还有一种方法是在弹匣的倒数第二发或者第三发的位置装一发曳光弹，如果在战斗中打到曳光弹，那么就提醒战士子弹不多了，应及时更换弹匣，从而保证进行不间断的战斗，避免因为分神而丧失性命。但究其根本，战士最重要的还是要在平时训练中积累经验，充分了解枪支的构造并熟悉射击技巧。

目前，军事训练完备的国家，对于士兵在换弹的训练上，一般都会在开枪时进行默念，并在剩余子弹不多的情况下，迅速找到掩体然后再更换弹匣。除了日常的艰苦训练以外，很多军工企业也开始了可视化武器的研制，目前，很多步枪的弹匣都设计成了透明外壳，这样就可以清楚地辨认子弹的数量，以调整换弹的节奏。

手枪弹匣上的观察孔

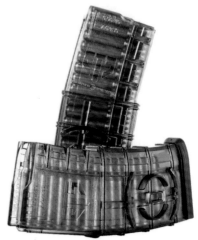
透明弹匣

→ 霰弹枪在现代反恐战争中有何作用

随着现代军事技术的发展，越来越多的优秀武器装备被研发制造并迅速大规模装备部队，而不再符合现代需求的武器也在被迅速淘汰。然而，在为数众多的武器均被淘汰的当今时代，霰弹枪这种在现代战场上似乎并无太大作用的武器却被保留了下来。

霰弹枪具有可发射成束弹丸、火力猛、首发命中率高、快速反应能力强等特点。其主要用于丛林、城镇等复杂地形中的遭遇战、伏击战等突发战斗中杀伤近距离目标。大多数国家主要将其作为警用武器和特种武器，在民间也被大量用作狩猎和射击比赛用枪。

由于枪弹特点（大口径独头弹或多弹头霰弹），霰弹枪有着其他枪械所无法比拟的杀伤力，尤其是在近距离对人体等目标的停止作用上霰弹枪更是枪械中的王者。在双方近距离交火时，使用霰弹枪的射手可以依靠霰弹枪轻松地使敌方丧失行动能力，而这是其他枪械无法做到的。

除了威力外，在近距离作战时霰弹枪在命中率方面也具有相当大的优势。研究表明，在近距离作战中射手很难进行精确度较高的射击，只能在一个安全范围内尽量保证精度，而由于霰弹枪子弹在击发后会形成一个"面"（多弹头弹），因此射手在大致瞄准的条件下即可保证命中率。而且当交火环境为室内等狭窄环境时，霰弹枪更具有惊人的压制能力，因其子弹覆盖面太大，敌方很难在霰弹枪持续火力下进行有效反击。

霰弹枪还有一项所有其他枪械武器都无法拥有的优点，即多功能。作为一种能够发射多种弹药的武器，霰弹枪既可以发射独头弹、常规霰弹等杀伤性弹药，也可发射催泪弹、染色弹、橡胶弹等非致命性弹药，其在反恐、防暴等方面的作用是其他枪械类武器所无法取代的。而且霰弹枪还能够被用来破门，这也是其他所有枪械都无法做到的，射手在掌握好射击角度的情况下，可以使用霰弹枪破坏门的闭锁结构来达到破门目的，而其他枪械类武器如果被用来破门，甚至会因弹头反弹而误伤自己。

在现代战争中，霰弹枪仍旧能够依靠其无法替代的优势继续活跃于战场上，并且已经成为反恐战争中士兵不可或缺的一种武器。但是，霰弹枪的缺点也无法回避。因此，为了使霰弹枪更适应现代战争的需求，武器设计师们设计了 AA-12、Saiga-12 等弹匣供弹全自动霰弹枪以提高其火力和弹容量，改进无托式或折叠枪托结构以减小其体积，甚至还设计出了 XM26、SIX12 等霰弹枪（挂在突击步枪护木下方）以方便士兵快速使用。例如后坐力过大，质量过重等，最重要的一点是霰弹枪在射击之后间隔时间比较长，这在战场上是非常致命的。克服了曾经拥有的缺点后，霰弹枪仍将作为一种优秀的反恐防暴武器被各国军警甚至民间百姓继续使用。

士兵正在使用 AA-12 霰弹枪进行射击

黑色涂装的 Saiga-12 霰弹枪

M26 模组配件霰弹枪系统

→ 步枪射击运动对姿势有何要求

　　步枪由于枪管长，装有木托，射手瞄准射击时必须双手握枪，枪托抵肩，将腮部紧贴木托，因而枪支晃动小，射击精度高。步枪射击有三种射击姿势，即卧姿、立姿、跪姿。卧姿是步枪最基本的射击姿势。因卧射时射手全身伏地，双肘支撑在地面上，因而身体重心低，稳定性好，优秀射手可以获得极高的射击密集度。立姿是最不稳定的射击姿势。因射手站立射击，身体重心高，无固定依托，枪支晃动大，瞄准和扣扳机都会受到影响。跪姿的特点介乎于卧姿与立姿之间。

步枪射击的基本技术是掌握稳定的射击姿势，精确地进行瞄准和适时地扣动扳机。自从各种运动步枪采用觇视瞄准具后，瞄准动作被简化，瞄准精度得以大幅提高。优秀射手多着眼于提升射击姿势的稳定性和适时地扣动扳机。80 多年来，步枪射击姿势发生了很大变化。这种变化主要体现在优秀射手不是墨守成规地搬用教范规定的所谓标准姿势，而是在规则许可范围内，自由地运用适合本人特点的新姿势。射击场上出现了因人而异、各具特点的射击姿势。这些姿势的变化都遵循着共同的原则：①以最小的肌肉紧张程度保持枪支稳定；②在长时间射击中保持姿势一致不变；③为瞄准和扣动扳机创造最有利的条件。

扣动扳机是步枪射击的关键动作。姿势不稳定的立射，扣动扳机技术很难掌握，成为射击技术训练的重点。常用的扣动扳机方法有两种：一种是当枪支在瞄准区内微微晃动时，食指均匀地增加扣动扳机的力度，从而实现击发；另一种方法则是事先掌握枪支晃动规律，当枪支尚未精确瞄准时预先增加食指扣动扳机的力度，待枪支指向瞄准点时，立即击发。两种扣动扳机的方法各有利弊，可根据射手特点，加以选择。

士兵使用跪姿对目标进行射击

士兵使用卧姿对目标进行射击

士兵采用立姿对目标进行射击

→ 手枪主要有哪些持枪方法

手枪主要有单手单臂式据枪法、对等三角茶杯式据枪法、推拉式据枪法、韦弗式据枪法四种。

单手单臂式据枪法：单臂据枪由站、握、挺、抬、摆五个技术动作组成。"站"，是指站立的姿势和角度。站立时，两脚分开约与肩同宽或稍大于肩宽。两脚尖自然分开，含胸塌肩并稍向左后方"坐"，左臂自然下垂、叉腰或背于后身。

对等三角茶杯式据枪法：身体正对目标，两脚左右分开稍大于肩宽，两膝微曲，形成弹性支撑，两脚尖稍向内合，含胸塌肩使身体重心下降。两臂自然伸出，右手握枪同单臂据枪动作。左手虎口在上掌心向内，围握扳机护圈。或掌心向上，托握握把下方，并使枪身水平。近距离射击时，只要射手身体正对目标即可击发。在进行多目标转移射击或对运动目标射击时，以腰椎为轴，以上体转动带动手臂平行移动。

推拉式据枪法：左脚向前大半步，脚尖朝目标方向，或稍微右偏，右脚尖方向与目标呈 90°，两腿自然挺直，含胸拔背，整个身体与目标呈 45°；右手虎口对正握把后方，拇指自然伸直，用手掌肉厚部分和余指合力握住握把，食指贴于扳机上；右手前推，左手后拉，将枪握住，头部靠右侧倾斜，自然贴向右大臂，瞄准线与右手臂呈一直线，右眼与瞄准线重叠。

韦弗式据枪法：射手半面向右转，左脚向前迈出大半步，两脚的开度稍大于肩宽，脚尖自然分开，使身体侧对目标。上体下塌微向前倾。左臂用力伸直指向目标方向，并抬到与眼同高的位置，右手握枪同单臂据枪动作。左手掌心向后，围握扳机护圈。稍用力向左后方拉枪，左小臂垂直于枪身轴线下。头部正直向左转，使眼睛处于"正视"位置。在进行多目标转移射击或运动目标射击时，以腰椎为轴，以上体转动带动手臂平行移动。

士兵进行手枪射击训练

专业人员正在指导持枪姿势

单手单臂式据枪法

→ "三发点射"模式逐渐普及的原因是什么

　　轻武器射击，通常只有单发射击和连发射击之分。连续发射两发以上子弹的射击都叫连发，而连发射击又根据射击目标的不同，可分为长点射、短点射和持续射击。一般来讲，射击中近距离的单个目标，通常应单发射击，单发射击有利于观察弹着点，并对射击进行修正。而射击中远距离的单个目标或者集团目标时，通常应点射，靠多发子弹的射弹散布弥补射击精度的不足。而连续射击主要是对敌方目标进行压制射击，防止和破坏敌火力对己方行动的影响。

三点连射相当于自动射击，此半自动更有火力，而且射击精度也有保障。当射手使用全自动步枪时，常常只有前面两三发子弹比较接近目标，前三发后因为枪口上跳的关系，通常都不会击中目标，所以干脆就使用一种射击模式，限制每次扣动扳机只能发射三发，从而有时间重新调整射击姿势。

由于心理和环境各方面因素的影响，训练不足的士兵在使用全自动武器的时候，不能自如控制点射长度，经常扣住扳机不放，一口气打完整个弹匣，从而造成过大的散射。美国陆军通过实战得出一个符合自身特点的结论：三连发点射能够在弹药量、准确度和火力密度之间获得一种较好的平衡与性价比。

实战证明，三发点射终究无法提供有效的压制火力。三发点射只考虑了提高命中率和降低弹药消耗等问题，但要想用持续火力压制敌人，阻止敌人的进攻，全自动是极为必要的。所以大部分突击步枪都采用连发模式，其中部分步枪兼其三发点射的功能，可以用保险自由切换，但也增加了成本。对于未设三发射机构的步枪，完全可以通过训练由射手自行控制点射长度。

SIG SG550 步枪使用位于握把上方的选择杆可调整为三发点射模式

只有三发点射及单发的 M16A2 步枪

→ 现代坦克仍然配备高射机枪的原因是什么

坦克上装备的高射机枪最初的确是为防空作战设置的，作为一种射程远、射速快的武器，坦克上的高射机枪可以在敌机来袭方向散播密集弹幕，可对低空来袭的轰炸机、攻击机形成较大威胁。即使不能击落敌机，也能迫使敌机不能低空飞行，从而使轰炸效果大打折扣。

现代坦克上仍然装备高射机枪是因为其并不局限于防空用途。首先是心理作用，坦克上装一挺高射机枪，即便不能真的打下几架敌机，却能提升坦克部队的士气，给坦克乘员以"我们每辆坦克都有防空手段"的心理暗示。其次是干扰射击，由于现代攻击机的性能越来越好，坦克上的高射机枪很少能直接击落敌机，却能在一定程度上干扰低空飞行的飞机的对地攻击动作，使之打击效能降低，这其实也是一种有效的防空措施。其实，在现代战争中，陆军的高射炮虽很少能击落敌机，但可以削弱敌人的空袭效果，这本身也是有战术价值的。

相对于坦克主炮来说，坦克上的高射机枪虽然威力小、射程近，但由于射速快、转向快，可以对近距离目标或者主炮打不到的目标进行快速打击。而比起坦克上的主炮并列机枪，坦克上的高射机枪射界更广，使用更加方便灵活。鉴于此，几乎所有的坦克都配备有高射机枪。

在如今的反坦克作战中，对阵双方往往出动武装直升机搭载反坦克导弹对坦克进行攻击。反坦克导弹的射程往往在数千米以上，而高射机枪的有效防空作战距离一般为 2 千米，不难看出，坦克上的高射机枪根本无法攻击远在数千米外的武装直升机，后者却可以轻易使用反坦克导弹进行反坦克作战。高射机枪更不具备拦截反坦克导弹的能力，所以它的防空作战效能还是有限的，已经被降格成为一款重机枪。

7.62 毫米 VKT 高射机枪

ZPU 高射机枪

安装在坦克上的 M2 高射机枪

→ 现代战场上，突击步枪能否取代机枪

在战场上，一种火力强、射速快、持续时间长的枪械，对整个战斗其有重大的意义。在枪械发展史上，高速连续射击一直是人类追求的目标。在自动火器没普及的时候，机枪无疑是战场上最主要的火力压制武器。机枪主要发射步枪弹或更大口径专用机枪子弹，能快速连续射击，以扫射为主要攻击方式，透过绵密火网压制对方火力点或掩护己方进攻。除了攻击有生目标之外，也可以射击其他无装甲防护或薄装甲防护的目标。

在栓动步枪时代，机枪的射速优势是非常明显的。一战时的堑壕战就是因为机枪恐怖的杀伤力而形成的，到了二战时期，机枪仍然是步兵火力之王。

突击步枪是根据现代战争的要求，对步枪和冲锋枪所固有的最佳战术技术性能综合运用，其特点是射速较高、射击稳定、后坐力适中、枪身短小轻便，是具有冲锋枪的猛烈火力和接近普通步枪射击威力的自动步枪。虽然自动步枪有自动射击的功能，但是这并不意味着可以长时间连续射击。为了减重，自动步枪的枪管一般都不是重型枪管，在全自动射击时会更快地发热。

就突击步枪和机枪两种武器来看，步枪更灵活和轻便，射击时以单发、短点射为主；而机枪威力大、射程远、精度高、火力持续时间长，这些都不是自动步枪可以比拟的，哪怕是同口径和同样的子弹，由于机枪的枪管比自动步枪更长，因此可以赋予机枪更大的初速度、侵彻力和精度。

同时，更厚、更重的枪管可以延缓枪管过热，使之能更长时间连续射击而不易变形。另外，班用机枪一般都配有弹盒/弹鼓和一到两根备用枪管，以保证长时间战斗中的激烈火力输出，如果枪管过热，直接换第二根，如此反复。机枪还配有两脚架或三脚架，可以使射手更加精确地进行射击。

简单来说，步枪有的特点机枪也有，但是机枪有的特点步枪却不一定有。因此，在现代战场上，突击步枪并不能完全取代机枪的位置。

展览中的 9A-91 突击步枪

装有两脚架的 RP-46 轻机枪

AK-5 突击步枪上方视角

携带 SS-77 通用机枪的士兵

→ 把步枪绑在高射炮上有什么作用

将步枪、机枪或者冲锋枪固定在火炮之上是一种传统的训练项目，又被称为枪代炮射击，它的主要目的就是节省宝贵的武器弹药，并且防止炮膛磨损，提高火炮寿命，同时也能最大限度地模拟真实射击，以获得射击指挥和射击诸元修正的训练效果。然而，由于枪支的射击距离始终不可能与火炮相比，因此通常只用于小口径的高射炮或者舰艇近防炮的直瞄射击训练，大口径间瞄火炮很少使用这种训练方式。

除了枪代炮训练之外，在军队中还有弹代弹训练。例如，使用价格更低的水泥弹模拟真实的航弹进行空袭训练，使用普通的火箭弹模拟反潜火箭弹等。

普通的步枪、机枪在 200 米之后精度会出现较大误差，因此枪代炮训练通常将枪支和火炮的瞄准基线延长至 200 米左右进行重叠。在这一距离内设置靶标，可以较为准确地体现出真实的射弹散布面积，也能真实地反映出火炮瞄准手的日常训练操作水平。

火炮虽然不是什么高科技武器，但是其弹药也不便宜，而舰艇的速射防空炮弹就更昂贵了。除了省钱之外，枪代炮还能有效减少炮弹对于炮膛的磨损，提高武器装备的寿命。火炮身管多采用无缝钢管通过深孔加工和身管自紧等技术制造而成，100 毫米以上的大口径火炮寿命已经提高到 5000 发以上，小口径的速射火炮甚至能达到 1 万发以上，但即使是这样的高寿命也经不起日复一日的实弹磨损，如果每次训练都采用实弹射击，膛线很快就会被磨平，而这门火炮也就基本宣告报废了。

但是枪代炮训练终究只能是高度模拟，部队要想体现出真实战斗力和训练水平，实弹射击仍然是不可或缺的。

固定在炮管上的枪械

第 6 章

→ 城市反恐中为何很少用到反器材步枪

在城市反恐作战中，特警的任务主要是反恐、解救人质以及抓捕火力强大的犯罪分子，因此，特警常常拥有强大的火力以及武器装备。狙击步枪作为杀伤力强、命中精度高的武器一直为特警所青睐，但是却很少看到他们装备杀伤力强大的反器材步枪。

反器材狙击步枪的破坏效果远高于狙击步枪，因为作用相对特殊，其子弹口径比普通狙击枪大很多，作战对象主要是敌方的飞机、装甲车、船只等具有一定防护能力的目标，且其具有远距离攻击的优势，也可以用来在远距离上射杀敌军人员，超强的攻击力可以有效击穿敌方的防弹背心，一旦人员被击中，往往会肢体分离。

而特警并未选用反器材狙击步枪的原因主要是特警所执行任务的特殊性，导致其常常在城市内作战，比如城市反恐等，这也就导致特警无法装配杀伤力过于强大的武器，在人口相对密集的城市中使用反器材步枪有可能会因为误伤无辜者而引发严重的后果。这与运钞车中的武警一般采用射程近、杀伤力较小的霰弹枪其实异曲同工，都是由其行动地点导致的，为了降低误伤的可能性，不得不采用杀伤力较小的狙击步枪。

而且反器材狙击步枪为了减轻质量大部分都牺牲了自动结构，因此，其射击后需要较长时间来填装子弹，这与需要应对紧急情况的特警显然是相背而行的。还有一个原因就是反器材狙击步枪杀伤力过于强大，因此，出于人道主义考虑，往往不会采用反器材狙击步枪来射杀需要攻击的对象。

与反器材狙击步枪相比，普通狙击枪显然更适合装备特警，其比普通步枪更高的精度，与比反器材狙击步枪更易于操作的优点使其成为特警最常见的装备。

托尔反器材狙击步枪

展览中的 VKS 反器材狙击步枪

→ 狙击手使用狙击步枪时，怎么测风速

在一般的军事行动中，观察手是狙击小组不可或缺的一员，是狙击手完成狙杀任务的重要保障。由观察手负责测定狙击距离、实时风速、风向、温度、气压等一系列可能对弹道产生影响的因素，并及时传达给狙击手，可使其进行枪械弹道的校对与修正。

100 米的距离根本不用考虑风偏，风还来不及施展威力，子弹就已经飞到了。如果射击距离在 200 米，那么射手击发前就要酌情修正风偏。当距离在 300 米时，即使 3 级微风的横风（风速约 4 米 / 秒），也会让子弹偏移。因此，狙击前的风速测定非常复杂。一方面，狙击手大多随身携带有一个灵巧的小测风仪，但这样只能测定狙击手所在位置的风力，而这一点风力对狙击的精度影响并不大。另一方面，狙击手急于了解的目标处及子弹飞行区间的风力，测风仪是测不到的。这时，就要求狙击手能够利用地物的变化来判定风速。

除了通过地物征象测风，一些经验丰富的狙击手还会利用幻影来测定风速。这个幻影并非海市蜃楼，而是通过瞄准镜观察地面热波形成的幻影。测距时，大部分狙击手会将瞄准镜聚焦在目标处，然后旋动调焦钮，使景物变虚。此时，升腾的地面热波会变得非常清晰，瞄准镜就可以观察到地面热波的几种典型情景：①幻影垂直升起，表明无风；②幻影倾斜 60°，此时风力为 0.4～1.2 米 / 秒；③幻影倾斜约为 45°，风力为 1.6～2.8 米 / 秒；④幻影平行于地面，风力为 3.2～4.8 米 / 秒。美军狙击专家也做过类似的试验。当风速为 4.4 米 / 秒时，使用 7.62 毫米子弹向 365 米外的目标射击，横风会使子弹侧偏 34.5 厘米。

狙击手与观察手一起执行任务

狙击小组在丛林执行任务

→ 落后的霰弹枪如何改变现状

1690 年，英军装备了滑膛前装燧发枪，这是西方最早的霰弹枪。一战时期，栓式步枪因比同期的手枪射速慢而不太适合堑壕战，军队需要一种可以手持冲锋或防御阵地的枪械，霰弹枪成了一战时的单兵常用武器之一。在二战中，霰弹枪也曾发挥过重要作用，但当时出现了突击步枪并被各国广泛采用，且火力及压制能力都比霰弹枪强，因此大部分国家减少了霰弹枪的服役数量。20 世纪 70 年代以后，霰弹枪主要作为防暴武器和特种武器，装备警察和特种部队。在面对恐怖分子时，往往都需要进行巷战，反恐部队大量配备霰弹枪可以在近距离上进行火力压制。

当特种部队需要执行救援任务的时候，霰弹枪往往成为破门工具，面对打不开的门，强大的火力可以瞬间将门破开；如果找到救援目标却有敌人把守的时候，为了保证人质的安全，可以配备催泪弹，进而拿下敌人救出人质。在不同的作战环境中，合理地配备子弹往往能让霰弹枪获得最大的实用价值。

虽然霰弹枪有着它独有的价值，但缺点也是显而易见的。例如，这种枪支的射程都不远；当战场形势混乱的时候容易误伤队友；射速不够快以及装弹数量的不足，容易给敌人提供反击的机会等。因此，为了在战场上更有效地发挥作用，霰弹枪也要进行多方面的改进。单一用途的霰弹枪已难以满足作战的使用要求。目前，大力发展多用途战斗霰弹枪，是各国在霰弹枪领域中研制、开发的一个重点。发展多用途战斗霰弹枪的技术途径主要有两种：一种是使其弹膛能适应发射多种弹药的要求，使弹药形成系列以适应各种用途，如美国的近战突击武器系统 CAWS。另一种是通过更换枪管、拆卸枪托及小握把等，用以发射不同口径的弹药及改变全枪的外形结构，如英国研制的多用途防暴枪。多用途战斗霰弹枪可以成为军用、警用、防暴、反恐怖的通用武器。

雷明顿 870 霰弹枪

莫斯伯格 500 霰弹枪

→ 实战中机枪真的能当狙击枪使用吗

　　一位军事专家说过，在 20 世纪末的时候，美军中就有使用重型机枪对目标进行精准射击的训练。而事实证明，机枪也是可以作为狙击枪使用的。部队在对机枪手进行训练的时候，也会训练士兵单点发射的精准度。因此，有的士兵会在战场上将高倍望镜装在重机枪上对敌军进行瞄准。

从外形上看，狙击枪必须配装精准的瞄准镜，这是因为狙击手攻击的目标一般在较远的距离，再好的视力在光线的干扰之下也会看不清，更不用说精准命中目标了。还有狙击手讲究的是一击必杀，战场上情况千变万化，狙击目标的机会往往只有一次，一击不中将再无机会。所以狙击枪的精度一定要高，为此一把优秀狙击枪的枪管必定是经过特殊加工的。历史上美军之所以能将 M2 勃朗宁大口径重机枪改装成狙击枪使用，就是因为它本身足够优秀，可以达到成为狙击枪的标准。

经过无数次战场上的使用，M2 重机枪除了质量较重外，几乎没有什么缺点。作为重机枪其火力之强更是有目共睹，此外，它还拥有自动武器少有的高精度。除了高精度之外，该枪的有效射程也比较远，其有效射程甚至达到了 1800 米。

从性能上来看，重机枪因为有底座，后坐力会小很多。所以重机枪作为狙击枪使用的话，就不需要像狙击枪那样通过肩膀抵消后坐力。但是狙击手的位置必须隐藏得十分好，而重机枪很容易暴露位置，而且射击后也不利于快速转移。

因此，在实战中，虽然机枪确实能够作狙击枪使用，但还是要根据作战环境，尽量让每一种枪械各司其职。

M2 重机枪上方视角

士兵为 M2 重机枪更换弹链

→ 螺旋桨战机机枪会不会打到螺旋桨

一战时期，随着战事激烈程度的增加，不同阵线间的官兵的仇恨加深，交战双方的飞行员开始了空中飞机追逐、手枪互射或向敌方地面部队丢手榴弹等初始级的空战行动。

1914 年 10 月 5 日，世界第一次飞机与飞机之间的空中交火在法国和德国飞机之间发生了。这天，法军飞行员约瑟夫·弗朗茨和机械师兼观察员路易·凯诺驾驶配有机枪的双座武装战斗机执行侦察任务，返回途中遭遇一架德军双座侦察机。弗朗茨当即驾机逼近正在侦察法军防线的德军飞机，凯诺操纵机枪成功将毫无还手之力的德军飞机击落。

确切地说，装备活动支架机枪的飞机还不是真正意义上的战斗机。因为装备这种机枪的飞机向敌机冲锋时，射界受机身头部螺旋桨的影响，射击时子弹往往会打坏自身的螺旋桨，对敌机的毁伤效果并不好。

1915 年初，法国飞行员罗兰·加洛斯与飞行设计师索尔尼埃对莫拉纳·索尔尼埃 L 型飞机的螺旋桨进行了改进设计：将木质螺旋桨叶片上可能被子弹击中的部位包上金属片，并在桨叶后方加装钢制的楔形偏导块，机枪射击时，击中叶片的子弹会被偏导块斜滑跳弹开。该设计不仅解决了既能让子弹顺利穿过高速旋转的螺旋桨射向目标，又不损坏螺旋桨叶片这一难题，而且，还使飞行员的视线和机枪轴线能在一条直线上，实现了飞行员驾驶飞机和瞄准攻击敌机两不误。更重要的是，不需要另外配备机枪手，使飞机可携带更多的武器弹药或燃油。1915 年 4 月 1 日，法国罗兰·加洛斯驾驶自己参与设计的、装备了楔形偏导块的莫拉纳·索尔尼埃 L 型飞机，击落了一架德国侦察机。

正在试验射击协调器的英国维克斯航空机枪

Me210 战斗机机身上装备的 13 毫米机枪

→ 二战时期步枪的威力为何普遍比现代的强

二战延续了一战的思想，认为战场形态将以阵地战、战壕战为主，步兵需要高射程、大威力的武器，以在战壕对射中获得战术优势。二战后期德国率先发现步兵的战场主要在城市中，巷战、遭遇战占据主导地位，需要质量轻、射速快的武器，这就催生了世界上第一支中威力突击步枪——STG44（也称 MP44）。战后研究表明，二战中士兵的伤亡范围大都在 400 米以内，苏联在二战中也吃尽了 STG44 突击步枪的苦头，所以在二战后催生了 AK-47 步枪。而美国显然没有意识到这一点，只是把 M1 加兰德步枪改成连发的 M14 步枪。M14 步枪射程远、威力大、精度高，只可惜生不逢时，在战场上与 AK-47 突击步枪正面交锋时，M14 步枪显得过于笨重，因而美国又研发了第一支小口径自动步枪——M16 步枪。为了让士兵携带更多的弹药减轻士兵的负担，各国纷纷拿出自己的小口径自动步枪，如苏联的 AK-74 步枪。

进入 21 世纪后，战争形态发生了巨大的变化。步兵主要以乘坐装甲车辆作战为主，这就需要更短的突击步枪，为了保持射程不变，在枪管不截短的前提下无托步枪是最好的选择。在现代战场上，由于地形原因，以及防弹衣、护盾等装备的大量普及，小口径步枪的射程威力已略显不足，因而中口径步枪又重新被提上议事日程。新一代步枪被要求采用模块化设计，口径弹药可通用，以适应不同的战争环境。因此，真正决定步枪威力大小的是战争形态以及战场环境。

二战时期士兵使用 STG44 突击步枪

士兵使用 M16 突击步枪进行训练

→ 枪械维护时使用的枪油有什么作用

经过良好保养的枪械能充分发挥它的效用，反之则可能在战场上"掉链子"。在拿到枪后，首先检查的就是弹仓、弹膛有无子弹，其次就是检查外部有无裂痕、折断、锈痕以及准星和枪械的坚固性。最后检查有无油污、灰尘、损伤等。每隔一段时间就要对枪械进行保养，定期进行擦拭、油封，防止腐蚀生锈，并且要把火药残留物清理干净，不用时要把子弹取出，防止弹簧金属疲劳。

枪械保养可分为两种情况，一种是射击后，另一种是长时间不用。长期射击的枪管可能会留下油污，子弹射击后会在枪中留下火药渣，如果这些东西不及时清理，时间越长枪械故障率越高。油污会随着时间凝固堵塞枪管，不及时清理可能会导致武器炸膛；而火药渣可能会卡死枪机使枪栓无法拉动。

清理时一般应使用专业的枪械保养工具，通一通枪管之后，擦干净枪械内部零件，再上枪油就可以了。而长时间不用的话需要在重要部件上擦上枪油。长期不使用的枪绝对不能压顶膛火，否则非常容易走火。

其实，枪油就是普通润滑油添加一些可以起到清洁作用的矿物而已。比如 CLP 保养油，其主要成分一般是多硝基硅，对人体几乎没什么危害。例如 CLP-ME 系列保养油就是以合成油为基础，再添加多种合成配方制成的，保持传统的无毒、质地温和、中性、环保等功能，不会危害使用者健康。高达 85% 以上的清洁效果，可彻底将锈蚀、残渣与积碳清除。保养后，会在金属表面留下一层薄膜，这层薄膜一方面可防止机械生锈，以及积碳与残渣积存；另一方面在武器射击时，可增加润滑性，减少机件磨损。其特有的排沙性，使射击故障率降低了很多。

格洛克 19 手枪及枪油

M1911 手枪及配备的清洁工具

→ 退役的枪械一般怎么处理

枪械是现代战争的必备产物，自从历史上第一支火枪诞生至今，已经有上百年历史了。枪械在人类的战争中得到了广泛使用，同时还衍生出很多类型。然而，再先进的枪械也是有使用寿命的，即使因为跟不上时代的变化而过时，但是在研发之时也耗费了大量的人力、物力和财力，如果直接扔掉，未免太过可惜。因此，大多数国家会选择将退役枪械回收，回收之后返厂加工，或是直接拆解，将里面的核心零部件取出来。有的用在其他武器装备上，有的归类放置好，以备不时之需。

美国每年的军费预算在全球遥遥领先，相应地美国的武器数量在全球也是最多的，因此，其每年的退役枪械数量也十分惊人。例如 M16 步枪，这款步枪伴随美军参与过许多战争，而随着更加先进的枪械诞生，M16 步枪也步入淘汰阶段。除了将部分 M16 步枪加以保存外，剩下的枪械则以火烧的形式进行销毁。

　　作为军事强国之一的俄罗斯，武器装备非常多。在枪械数量足够的前提下，对退役的枪械也会进行焚毁处理。不过有时俄罗斯会将部分枪械回收用来炼钢，从而再度利用打造出新式的枪械。例如我们熟知的 AK-47 突击步枪，就是将可回收的零件拆卸下来，而将剩下的木头部分用火烧掉。

退役的枪械正在进行焚毁

等待回收的枪械

→ 突击步枪卡弹了怎么办

卡弹是指枪机将子弹推入枪膛时被卡住，子弹没能上膛。卡壳是指子弹击发后抛壳时弹壳没有抛出去，卡在枪机和抛壳窗之间。如果突击步枪发生了卡弹故障，第一步就是清理堵塞物。

以 AR 突击步枪为例，每隔一段时间，尤其是当其发射了大量子弹或是进行了速射练习之后，AR 步枪就会发生堵塞现象。这时就需要正确安全地清理枪械。一般可采用以下几种方法。

（1）拍打弹匣的底部。这几种方法。可以保证弹匣完全正确地待在机匣内。

（2）向后完全拉开枪机拉柄并停在那儿别动。枪栓就会向后移动露出膛室。

（3）观察退弹孔。看一看拉动枪机拉柄是不是会退出一发堵塞机匣的子弹或者弹壳。

（4）释放枪机拉柄。如果堵塞物被彻底清除了，这样就可以将子弹上膛并充分锁紧枪机。

（5）轻轻敲打枪机推进器。这样可以确认枪栓是否充分啮合。如果枪栓啮合充分，向后轻拉枪机拉柄，听一听声响，确保一发新的子弹已经上膛。然后松开拉柄，拉柄会自动回到充分闭合的位置。在此过程中，一定要保证枪口向下。

（6）扣压扳机，瞄准目标物并试射。

如果以上这些步骤仍无法使枪械恢复正常，或者枪机拉柄无法操作，堵塞故障就会更严重。这时就需要把枪拿去给专业枪械师疏通。

重要的是清理堵塞时一定要注意安全问题。任何一把枪都会发生堵塞故障，AR 步枪尤为常见。AR 步枪附带的操作指南一般会指引使用者清理卡壳或者哑弹，但是在清理过程中最重要的一个原则是在开始工作之前，一定要保证枪口指向安全的方位。这样即使枪走火了，射出的弹头也不会造成任何伤害。例如保持枪支水平放置，枪口指向挡弹墙土堆或者其他安全且视野开阔的地方。切记不要用通枪条插进枪管猛烈地敲击卡住的子弹。

此外，定期清洁枪支非常重要。如果长时间不清洁枪支，它的性能就会大打折扣，也很容易损坏。因此，一定要按时清洁，防止锈蚀、灰尘和积垢影响枪的性能和耐用性。

对枪械清洁工具进行整理

对枪械进行检查与清洁

对枪械附件进行擦拭

→ 士兵巡逻持枪应采用什么姿势

目前，在士兵正常行军或者巡逻过程中持枪的姿势主要有以下三种。

第一种就是枪带斜跨肩膀，然后枪口指向地面，枪托和枪身紧贴腹部和右手臂。这样的持枪方式使士兵在高度紧张的巡逻任务中不会出现走火误伤队友的事故。而且由于枪支自然下垂，整枪质量由枪带下的肩膀所分担，可以最大限度地解放士兵的双手。

然而，由于在巡逻过程中需要保持随时可以进入射击状态，士兵还是要用右手和左手分别握住枪把和枪管套以便随时射击。而且这样的持枪方式可以在应对突发事件时，迅速将枪托沿着手臂抵在肩膀上，以获得更稳定的射击平台进行射击，这种持枪方式在西方国家素质较高的士兵中比较常见。

第6章

第二种是将枪带从后颈跨过，枪支和身体处于同一水平线。一般情况下都是枪口指向左面，枪托别在右手臂和腰间。这样的持枪方式可以保证士兵用双手握住枪把和枪身保持步枪的平衡。在执行巡逻任务时，这样的持枪方式可以迅速地调节枪口的指向倾泻火力。这要比第一种持枪方式需要先依靠手臂顶在肩膀上再调整枪口指向更方便。尤其是在近距离的交战中，这样的持枪方式明显更有优势。这种持枪方式在进行射击时虽然可以迅速调节枪口指向，然而由于枪托别在腰间，使士兵在射击时并不能第一时间把枪托抵在肩膀上，所以这种持枪方式一般都适用于平台即使足够稳定枪支也很难进行精准射击的步枪身上，比如 AK-47 系列，这种持枪的人群也只有反政府武装和恐怖分子才会使用。

第三种方式就是将枪口指向天空，然后以双手和胳膊分担枪支的质量。这样的持枪方式多被用来表演或者在列队时才会使用。因此，在巡逻过程中，这样会给士兵身体带来疲劳感的持枪方式一般没有士兵会去使用。这种持枪方式一般都是站岗人员、列队士兵，以及在阅兵式上才会出现。

双手持枪的女兵

正在巡逻的特种士兵

士兵将枪口对着天空

→ 不同类型的使用者手枪位置有什么讲究

　　手枪是一款性能全面、体形小巧的武器，拥有威力大、射速快、载弹量多等特点，带在身上不会影响移动时的敏捷性。自从诞生以来，手枪就被不断革新升级，并且随着高尖端技术的诞生，手枪变得越来越实用，有的甚至集颜值和才华于一身，受到众多士兵、警察、保镖的欢迎，执行任务的时候都会携带在身上。众所周知，兵种不同，作战的环境和方式也不同，一般情况下，特种兵会将枪靠在大腿上，保镖会将手枪揣在怀里，警察则是挂在腰上。

手枪对于特种兵来说是辅助武器，只有当主武器缺乏弹药或者危急情况下才会使用。特种兵通常是进行小组作战或者是单兵作战的兵种，身上一般会携带很多东西，腰间也带有求生用的必需品，大部分空间都被占据了，只有腿部以下可以携带武器，手枪如果放在这里，拔枪的速度也很快，符合作战要求。

警察存在的意义是维护社会的治安，将枪械放在腰上一方面是方便拿出来，另一方面则是起到警示和震慑的作用。除此之外，每当警察出警的时候，会接触各种环境，手枪短小易携带，不用担心受到环境的限制。

保镖是一种保护雇主安全的群体，经常需要陪同雇主在公共场合露面，在打扮上一定要得体，这也是为何保镖都穿西装打领带的原因，再加上公共场所将枪械放在外面有点儿不雅观，甚至会造成恐慌，因此保镖都是将手枪揣在怀里，有衣服的遮挡也不会暴露。如果发生意外，可以立即将手枪掏出来，对可疑目标实施打击，以确保雇主的安全。

将手枪置于腿部的士兵

挂在腿部的手枪

腰间佩带手枪的警察

参 考 文 献

[1] 军情视点 . 枪械大百科 [M]. 北京：化学工业出版社，2020.

[2] 查克·威尔斯 . 世界枪械历史图鉴 [M]. 北京：人民邮电出版社，2014.

[3] 西风 . 步枪、突击步枪、狙击步枪 [M]. 北京：中国市场出版社，2012.

[4] 黎贯宇 . 世界名枪全鉴 [M]. 北京：机械工业出版社，2013.

[5] 床井雅美 . 现代军用枪械百科图典 [M]. 北京：人民邮电出版社，2012.